普通高等教育"十三五"规划教材
高职高专实验（训）系列

报关综合业务实训教程

主　审　徐　冉
主　编　赵培华
副主编　李　瑛

图书在版编目(CIP)数据

报关综合业务实训教程 / 赵培华主编. —上海：立信会计出版社，2017.1(2022.7重印)
普通高等教育"十三五"规划教材
ISBN 978-7-5429-5328-5

Ⅰ.①报… Ⅱ.①赵… Ⅲ.①进出口贸易—海关手续—中国—高等学校—教材 Ⅳ.①F752.5

中国版本图书馆CIP数据核字(2016)第325710号

责任编辑　　赵新民
封面设计　　南房间

报关综合业务实训教程
BAOGUAN ZONGHE YEWU SHIXUN JIAOCHENG

出版发行	立信会计出版社			
地　　址	上海市中山西路2230号	邮政编码	200235	
电　　话	(021)64411389	传　真	(021)64411325	
网　　址	www.lixinaph.com	电子邮箱	lixinaph2019@126.com	
网上书店	http://lixin.jd.com		http://lxkjcbs.tmall.com	
经　　销	各地新华书店			
印　　刷	江苏凤凰数码印务有限公司			
开　　本	787毫米×1 092毫米　1/16			
印　　张	9.5			
字　　数	245千字			
版　　次	2017年1月第1版			
印　　次	2022年7月第3次			
书　　号	ISBN 978-7-5429-5328-5/F			
定　　价	32.00元			

如有印订差错,请与本社联系调换

普通高等教育"十三五"规划教材

高职高专实验(训)系列

编委会主任　　赵水根

编委会副主任　　王振华　　张学功

编委会委员（以姓氏笔画为序）
　　　　　　　马荣贵　　孔祥慧　　宁艳岩　　刘爱萍　　刘　喆
　　　　　　　张效梅　　李煜辉　　陈爱国　　倪天林　　琚军红
　　　　　　　董云展　　韩宗保

　　　　　　　行业企业委员（以姓氏笔画为序）
　　　　　　　王寿轩　　牛宗芬　　史　强　　石维堂　　张连升
　　　　　　　张延民　　赵永战　　赵树亭　　藏喜昌

总序 PREFACE

实验(训)教学是高等职业教育教学的重要环节,是培养适应现代经济社会发展的高素质技能人才的重要保障。规范实验(训)教学内容,建立标准化的实验(训)教学流程是完善实践教学体系,推进人才培养规范化,加快发展现代职业教育的重要举措。为此,我们编纂了本套实验(训)系列教材。

本系列教材在编纂过程中,紧密结合行业企业发展实际,坚持应用导向,坚持实践教学与理论教学相衔接,实践内容与职业标准相衔接,实践技能与职业技能鉴定相衔接,把职业岗位所需要的知识、技能和职业素养融入实践教学,构建对接紧密、特色鲜明的实践教学课程体系。

本系列教材在栏目编排上,采用模块化的结构,系统讲解实践教学的各个环节。同时,本系列教材紧贴实践教学内容,采用项目教学、案例教学、工作过程导向教学等教学模式。

为确保教材质量,本系列教材由具有企业一线工作经历和丰富实践教学经验的"双师型"教师编写。在写作方式上,本系列教材力求语言简练、形式活泼、深入浅出。本系列教材以课程为单元,配有丰富的实验(训)案例,是高校教师教授实践类课程的重要参考。

普通高等教育"十三五"规划教材编委会

前言 FOREWORD

报关是一项操作性很强的工作，涉及商品归类、税费计算、备案报批、报关单填制、销案核销等一系列工作。现有的报关实务类教材更多注重于对报关各个环节和海关监管规则的描述，缺乏对各个环节的具体工作的实训操作指导。而现有的实训软件虽然可以锻炼学生的动手操作能力，但有些软件设计得比较粗糙，只能让学生熟悉报关工作中的主要流程，难以监测出学生操作中的细节性错误，也缺乏对具体操作的针对性讲解。有鉴于此，我们编写了这本《报关综合业务实训教程》教材，用以衔接报关实务教材和报关实训软件，对报关操作中的细节性问题结合案例进行有针对的讲解。

本书的编写以"实训任务"为核心，先提出实训的任务；然后围绕实训任务，分析需要用到教材中的对应内容，即"实训指南"；最后结合"实训指南"和"实训任务"，分析如何解决"实训任务"中的问题，即"实训操作"。

本书的主编为赵培华，副主编为李瑛。其中，项目一、项目四和项目六由李瑛编写，项目二、项目三和项目五由赵培华编写。

作为实训指导类用书，本书可用于高职高专院校的报关实训教学，也可用于参加报关业务相关考试的参考。若本书中有错漏之处，恳请各位读者批评指正，以帮助我们不断完善教材。

编　者

2016 年 7 月

目录 CONTENTS

实训项目一　进出口商品归类 · 1
　实训任务一　熟悉《协调制度》的商品分类目录 · 3
　实训任务二　掌握《协调制度》的归类总规则 · 3
　实训任务三　掌握商品归类的操作程序及技巧 · 10
　实训考核标准 · 12
　项目小结 · 13

实训项目二　进出口报关单的填制 · 14
　实训任务一　熟悉报关单表头各项目的填制规范 · 17
　实训任务二　熟悉报关单表体各项目的填制规范 · 34
　实训考核标准 · 38
　项目小结 · 38

实训项目三　一般进出口货物的报关程序 · 40
　实训任务一　一般进出口货物的申报 · 42
　实训任务二　一般进出口货物查验 · 45
　实训任务三　一般进出口货物税费缴纳 · 47
　实训任务四　提取或装运货物 · 57
　实训任务五　综合实训案例 · 58
　实训考核标准 · 73

项目小结 ································· 73

实训项目四　保税货物进出口报关程序 ························· 74
　　实训任务一　保税加工货物合同备案 ······················· 76
　　实训任务二　保税加工货物料件进口报关 ···················· 79
　　实训任务三　保税加工货物成品出口报关 ···················· 85
　　实训任务四　其他保税加工货物报关 ······················· 91
　　实训任务五　保税加工货物核销 ························· 105
　　实训任务六　保税物流货物报关 ························· 106
　　实训考核标准 ································· 111
　　项目小结 ································· 111

实训项目五　特定减免税货物进口报关程序 ······················· 112
　　实训任务一　特定减免税货物的报关程序 ···················· 115
　　实训任务二　特定减免税货物报关单填制 ···················· 118
　　实训考核标准 ································· 130
　　项目小结 ································· 130

实训项目六　暂准进出境货物报关程序 ························· 131
　　实训任务一　熟悉暂准进出境货物的范围 ···················· 134
　　实训任务二　暂准进出境货物报关单的填制 ··················· 136
　　实训考核标准 ································· 139
　　项目小结 ································· 139

参考文献 ································· 140

实训项目一　进出口商品归类

实训目标

1. 熟悉《商品名称及编码协调制度》
2. 了解《商品名称及编码协调制度》分类目录类次、章次排列的规律
3. 掌握《商品名称及编码协调制度》归类总规则的内容及使用
4. 掌握商品归类路径图
5. 掌握商品归类操作程序
6. 掌握商品归类操作技巧

实训要求

学生应通过商品综合实训项目的学习，培养系统、完整、独立地完成商品归类工作的能力。学生通过独立完成提炼商品特征、运用《商品名称及编码协调制度》总规则、查询商品分类目录、确定商品编码等一系列的工作，让学生掌握商品归类的核心技能。

实训设计

首先，学生通过做一些实训任务，来理解《商品名称及编码协调制度》的商品编码的含义和各级目录的设置；然后，通过学习商品归类路径图，来掌握《商品名称及编码协调制度》归类总规则的使用；最后，通过一些归类任务的执行，让学生掌握商品归类的程序和技巧。

【业务操作背景】

2016年1月12日，A电子有限责任公司委托某国际货运代理有限公司申报进口010720071077003338号报关单项下商品，申报品名为微波信号源（通讯用），型号为MG3691B，数量为4台，申报税号为90304090，缴纳增值税171 787.38元人民币。首都机场海关经审核该票报关单及布控查验后，将上述商品税号变更为85432090.90，并于2016年5月11日作出（0701）010720071077003338—A02/L03号征税决定，征收进口关税人民币80 841.12元，增值税13 742.99元人民币。2016年7月3日，A电子有限责任公司不服首都机场海关上述征税决定，向北京海关申请行政复议，认为涉案货物"MG3691B型微波信号源（通讯用）"是测量、检测通信产品电参数的电子测量仪器，应归入税号"90304090.00"；而首都机场海关将其归入税号"85432090.90"有误。故向北京海关提起行政复议，请求变更税号，撤销原征税决定，退还多缴纳税款。

【问题导入1】　为什么要对进出口商品进行分类？

答：海关的四大职能分别是监管、征税、缉私和统计，在海关执行监管、征税和统计职能时，需要对进出口商品进行分类，制定商品分类目录，对不同类别的产品设定不同的商品编码，不同类别的产品适用不同的监管条件和税率。

【问题导入 2】 是否会出现不同国家的海关所制定的商品分类目录大相径庭,导致各国进出口统计数据口径、税收征管等方面的矛盾?

答:为了避免以上问题出现,海关合作理事会(1995 年更名为世界海关组织)编制了《海关合作理事会商品分类目录》(英文简称 CCCN),联合国统计委员会编制了《国际贸易标准分类目录》(英文简称 SITC),但这两个商品分类目录之间也存在较大差异,一个商品在两类目录中要使用两种不同的商品编码,给国际贸易带来极大不便。有鉴于此,海关合作理事会于 1983 年 6 月通过了《商品名称及编码协调制度的国际公约》及其附件《商品名称及编码协调制度》(*Harmonized Commodity Description and Coding System*,中文简称《协调制度》,英文简称 HS),将其作为通用的商品分类目录。目前,绝大多数国家的海关在制定商品分类目录时,都以《协调制度》为基础。《协调制度》每 4 到 6 年更新一次,自 1988 年生效以来,《协调制度》共进行了 6 次修订,形成了 1988 年、1992 年、1996 年、2002 年、2007 年和 2012 年 6 个版本。

【问题导入 3】 我国海关制定的进出口商品分类目录是什么?

答:我国海关自 1992 年 1 月 1 日起开始采用《协调制度》,根据海关统计和征税工作的需要,我国在《协调制度》的基础上增设了本国子目,形成了我国海关进出口商品分类目录,然后分别编制了《中华人民共和国海关进出口税则》(简称《进出口税则》)和《中华人民共和国海关统计商品目录》(简称《海关统计商品目录》)。自 2012 年 1 月 1 日起,我国采用 2012 年版的《协调制度》,并据此编制了 2012 版的《进出口税则》和《海关统计商品目录》。

【问题导入 4】 什么是商品归类?

答:海关进出口商品归类是指在《协调制度》商品分类目录体系下,以《进出口税则》为基础,按照《进出口税则商品及品目注释》《中华人民共和国进出口税则本国子目注释》以及海关总署发布的关于商品归类的行政裁定、商品归类决定的要求,确定进出口货物商品编码,进而确定商品适用税率及监管条件的活动。所以商品归类与报关人的利益息息相关。

实训任务一　熟悉《协调制度》的商品分类目录

【实训任务1-1-1】

某商品的HS编码为0306.2410,请分析该商品HS编码每一位数的含义。

实训指南:

《协调制度》的商品分类目录共有五级,分别为类、章、品目、一级子目和二级子目。商品编码根据某种类型的商品在《协调制度》中所处的类、章、品目、一级子目和二级子目对商品进行编号。

实训操作:

HS编码为0306.2410的商品,其HS编码第1、第2位03表示该商品处于《协调制度》商品分类目录的第三章(第一类),第3、第4位06表示该商品属于第三章的第6个品目(品目编号为0306),第5位即2表示该商品属于品目0306下的第二个一级子目0306.2,第6位即4表示该商品属于一级子目0306.2下面的第四个二级子目0306.24。第7、第8位代表的是该商品在二级子目0306.24下面所属的本国子目。

【实训任务1-1-2】

雀巢速溶咖啡应归入《协调制度》的商品分类目录中的哪一类哪一章?

实训指南:

在《协调制度》的商品分类目录中,类的排列次序称为类次,类次是根据商品加工程度和所使用原材料的种类决定的,加工程度越高,所使用原材料种类越多,类次越靠后。原材料的类次靠前,用该原材料做的制成品类次靠后。

实训操作:

在《协调制度》的商品分类目录"第二类 植物产品"中的"第九章 咖啡、茶、马黛茶及调味香料"中,涉及咖啡,但本章的咖啡只包括未加工或只是经过初步加工的咖啡。经过深加工的咖啡应归入后面的"第四类食品;饮料、酒及醋;烟草、烟草及烟草代用品的制成品"中的"第二十一章 杂项制品"。

实训任务二　掌握《协调制度》的归类总规则

【实训任务1-2-1】

流动马戏团的狮子、大象、老虎等动物,应归入《协调制度》的商品分类目录中的哪一章?

实训指南:

根据《协调制度》的归类总规则一。

实训操作:

单独看各章的标题,这些动物应该归入"第一章 活动物",但仔细阅读第一章章注,发现品目

95.08：旋转木马、秋千、射击用靶及其他游乐场的娱乐设备；流动马戏团及流动动物园；流动剧团。因此流动马戏团的狮子、大象、老虎等动物，如果按照章的标题直接归入第一章，则是错误的，这些动物应归入第九十五章下的品目95.08。

【实训任务1-2-2】

木制的烟斗应归入《协调制度》的商品分类目录中的哪一章？

实训指南：

根据《协调制度》的归类总规则一。

实训操作：

根据四十章章注一，可知木质的烟斗虽然属于木制品，但不能直接按照标题归入第四十四章，而应归入"第九十六章 杂项制品"。

【实训任务1-2-3】

男式短款羽绒服，涤纶面料，尼龙里料，羽绒胎料，主要用于滑雪，应归入《协调制度》的商品分类目录中的哪个品目？

实训指南：

根据《协调制度》的归类总规则一。

实训操作：

该商品应归入"第六十二章 非针织或非钩编的服装及衣着附件"。第六十二章共有17个品目。

从17个品目的名称看，品目62.01和62.11都包含滑雪服，从名称上并不能判断该商品应归入两个品目中的哪一个，这时需要仔细阅读前面的注释，看看有没有对这种情况的进一步注释。

根据第六十二章的章注六可以判断，上述商品虽然属于滑雪服，但不符合62.11中所称的"滑雪服"的特点，所以应归入品目62.01。

【实训任务1-2-4】

牛奶咖啡二合一固体饮料，含70％的咖啡精粉30％的牛乳粉末，如图1-1所示，应归入《协调制度》的商品分类目录中的哪个品目？

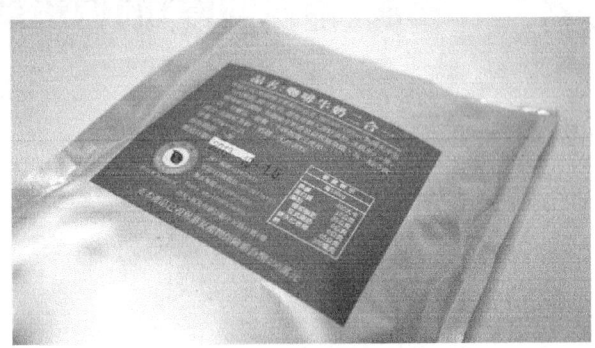

图1-1 咖啡牛奶二合一饮品

实训指南：

商品归类中，经常遇到两类难题。

1. **第一类难题** 当前商品分类目录中没有严格对应该商品的品目

第一类难题出现的原因有以下几种：

(1) 混合物或组合物。如咖啡粉应归入品目"21.01 咖啡、茶、马黛茶的浓缩精汁及以其为基本成分或以咖啡、茶、马黛茶为基本成分的制品；烘培菊苣和其他烘培咖啡代用品及其浓缩精汁"，奶粉应归入品目"04.02 浓缩、加糖或其他甜物质的乳及奶油"。但袋装的"咖啡牛奶二合一"中既含有咖啡精汁，又含有浓缩乳粉，则没有相应的品目。

(2) 不完整品或未制成品。如缺少键盘的整装电脑、缺少门的冰箱，属于不完整品。已经剪裁成手形状但还没有缝制好的手套，属于未制成品。在《协调制度》的商品分类目录中，可以找到冰箱和手套相应的品目，但不完整品和未制成品却没有严格对应的品目。

(3) 完整品或制成品的拆散件。电脑、家具等商品，在运输过程中需要拆成散件。

(4) 随着科技的进步，出现了商品分类目录编制时尚未出现的新产品，所以在分类目录中找不到这些产品对应的品目。

为了解决第一类难题，必须对《协调制度》的商品分类目录中现有品目的内涵进行拓展，从而使《协调制度》的商品分类目录涵盖以上在分类目录中找不到严格对应品目的商品。归类总规则中，当遇见第一类难题时，应依次启用规则一、规则二和规则四，即遇见第一类难题，应先查找相关类和章的注释，看对这类问题有无具体规定，如果咖啡所在品目注释中规定了可以混合其他成分，而牛奶粉所在的品目中未作类似注释，则咖啡牛奶混合粉归入咖啡所在品目，咖啡牛奶粉的品目就可以唯一确定，问题得到解决。有些类、章、品目注释注明不能扩展商品标题的涵盖范围，如果咖啡所在品目注释规定不能混合其他成分，而牛奶所在品目未作规定，则咖啡牛奶粉应归入牛奶所在品目，问题得到解决。如两者都无具体规定，适用规则二。

由于时代的发展，科技的进步，可能会出现一些《协调制度》在分类时无法预见的情况，这时按规则一至规则三仍无法归类的货品，只能用最相类似的货品的品目来替代，即将报验货品与类似货品加以比较以确定其与哪种货品最相类似。然后将所报验的货品归入与其最相类似的货品的同一品目。这里的"最相类似"包括名称、特征、功能、用途、结构等因素，需要综合考虑才能确定。

规则二和规则四都是扩展性规则，扩大了品目标题中所包含的产品的内涵。图1-2所示为第一类难题的解决方法。

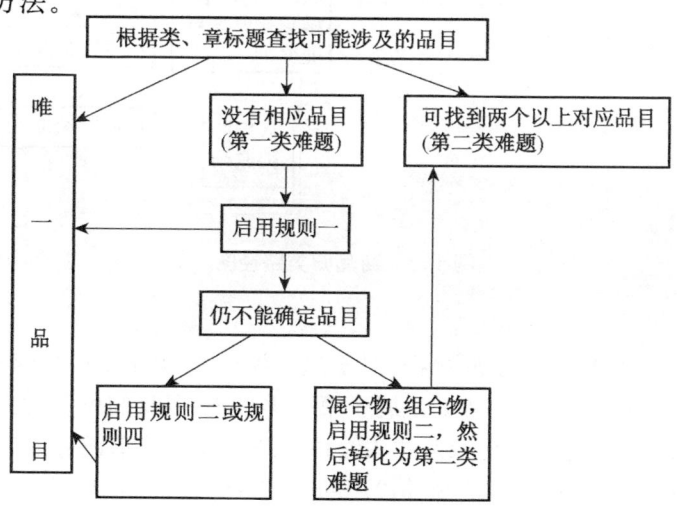

图 1-2 第一类难题的解决办法

2. 第二类难题　商品可归入两个以上的品目

当面临第二类难题时，需要依次启用规则一和规则三，如[实训任务1-2-3]中的男士短款滑雪羽绒服，从标题上看可同时归入两个品目62.01和62.11，这属于典型的第二类难题，所以需要先启用规则一，仔细阅读相关注释，然后确定其所属品目为62.01。但有些商品，根据标题可归入一个以上的品目，并且也没有关于这种情况的注释，这种情况下需要启用规则三。

对于根据规则二(二)或其他原因看起来可归入两个或两个以上品目的货品，本规则规定了三条归类办法。这三条办法应按照其在本规则的先后次序加以运用，据此，只有在不能按照规则三(一)归类时，才能运用规则三(二)；不能按照规则三(一)和(二)两款归类时，才能运用规则三(三)，但是混合品或组合货品(即由第一类难题转化过来的第二类难题)，或零售的由不同货品组成的成套商品，应跳过规则三(一)，依次启用规则三(二)和规则三(三)。

因为对于混合物而言，加入由三种物质A(占10%)、B(占45%)、C(占45%)组成，A物质所属品目列名比B、C物质列名更具体，但其在该混合物中的所占比重很低，如果根据具体列名原则把混合物归入A所在的品目，显然不合理，同样组合物和零售的成套物品也不能由列名是否具体来决定所属品目。所以应跳过规则三(一)。图1-3所示为商品归类路径图。

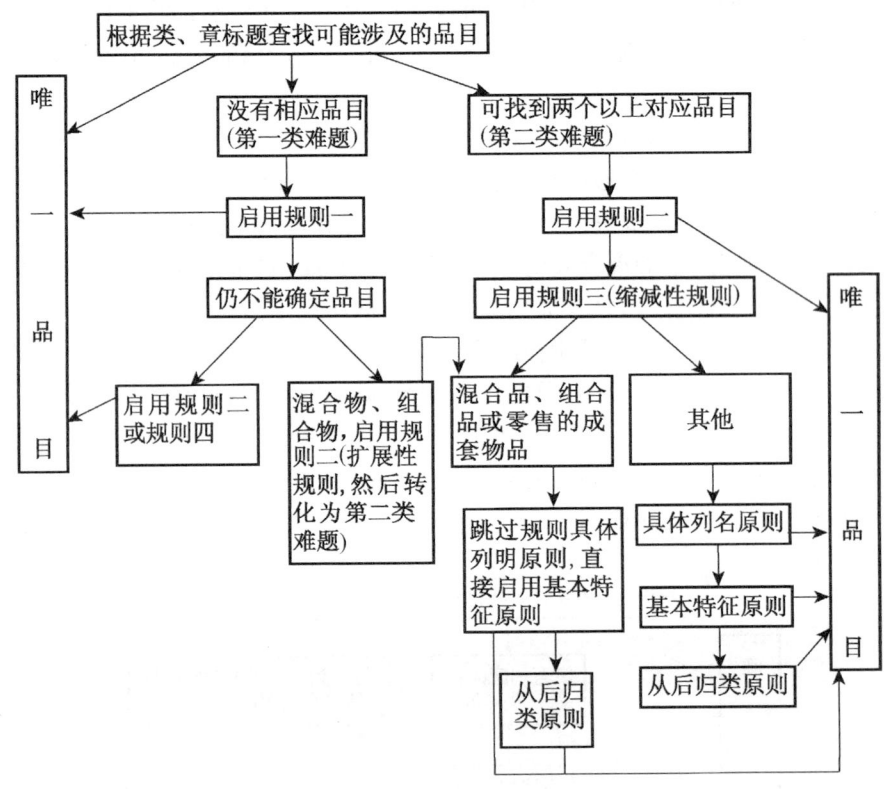

图1-3　商品归类路径图

实训操作：

牛奶咖啡二合一固体饮品，属于混合物，对于这种混合物，协调制度分类目录中并没有相应的品目，所以该商品的归类问题从本质上说属于第一类难题，但我们可以找到两个和这种商品相关的品目，即品目"21.01 咖啡、茶、马黛茶的浓缩精汁及以其为基本成分或以咖啡、茶、马黛茶为基本成分的制品；烘焙菊苣和其他烘焙咖啡代用品及其浓缩精汁"和品目"04.02 浓缩、加糖或其他甜物质的乳及奶油"，此时需要启用规则一，即查看有关上面两个品目的注释，看注释中对这类混合物有无明确规定,结果发现并没有相关的注释。

接下来需要启用规则二,根据规则二(二)的规定,品目21.01既包含咖啡浓缩精汁,又包括浓缩咖啡和其他物质的混合品,品目04.02既包括浓缩乳,又包括浓缩乳和其他物质的混合物,所以该商品既可归入品目21.01,又可归入品目04.02,从而转化为第二类难题。

由于该产品属于混合物,所以应跳过具体列名原则,直接启用基本特征原则,由于该商品主要含量是浓缩咖啡,所以根据基本特征原则,应归入品目21.01,如图1-4所示。

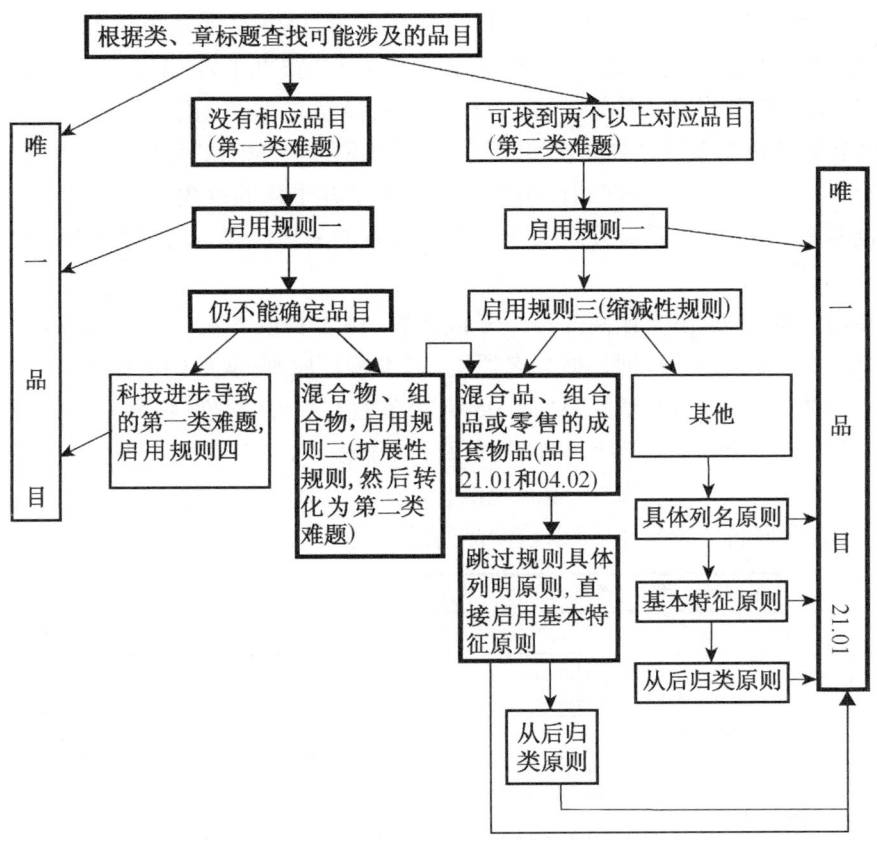

图1-4 牛奶咖啡二合一(70%咖啡精粉和30%牛乳粉混合)归类路径

【实训任务1-2-5】

牛奶咖啡二合一固体饮料,含50%的咖啡精粉50%的牛乳粉末,应归入《协调制度》的商品分类目录中的哪个品目?

实训指南:

参考[实训任务1-2-4]的实训指南。

实训操作:

该商品前面的归类路径与[实训任务1-2-4]一样,但是由于该商品中咖啡精粉和牛奶粉含量相同,所以无法通过基本特征原则来确定其应属于两个品目中的哪一个,接下来应启用从后归类原则,将该商品归入品目21.01。

【实训任务 1-2-6】

汽车速度计表面板,安装于汽车仪表部件左部,与步进马达、控制电路及指针组成整个单元,用于显示汽车行驶速度,采用塑胶热压成型及表面印刷、喷涂工艺加工。请确定其所属品目。

实训指南:
参考[实训任务 1-2-4]的实训指南。

实训操作:
首先根据标题来判断该商品涉及的品目,从标题上看,该商品涉及第十七类"第八十七章车辆及其零件、附件,但铁道及电车道车辆除外"和第十八类"第九十章 光学、照相、电影、计量、检验、医疗或外科用仪器及设备、精密仪器及设备;上述物品的零件、附件"。品目 87.08 和品目 90.29 从标题上看都和汽车计速器这种商品有关,即我们现在面临的是第二类难题,根据归类路径图,此时应首先启用规则一,仔细阅读第八十七章和第九十章的章注。

仔细阅读两章的章注,并没有发现关于这两个品目的具体注释,即根据规则一并不能确定任务中的商品所属的品目。

此时需要启用规则三,由于该商品并不是混合物、组合物或零售的成套物品,所以我们应该依次启用规则三(一)(二)(三),即具体列名原则、基本特征原则、从后归类原则。

首先启用具体列名原则,判断品目"87.08 机动车辆的零件、附件,税号 87.01 至 87.05 所列车辆用"和品目"90.29 转数计、产量计数器、车费计、里程计、步数计及类似仪表;速度计及转速表,税号 90.14 及 90.15 的仪表除外;频闪观测仪"是否其中一个比另一个列名更具体。通过比较,明显品目 90.29 列名更为具体,所以该商品所属品目为 90.29,如图 1-5 所示。

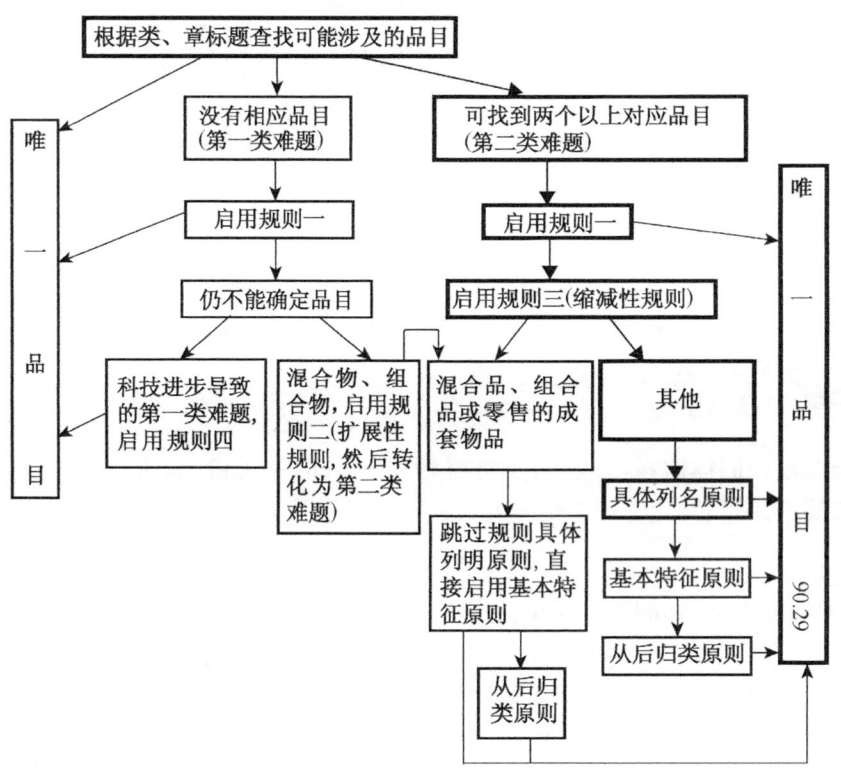

图 1-5 汽车计速器的归类路径

【实训任务 1-2-7】

如图 1-6 所示的小提琴盒子,应归入《协调制度》的商品分类目录中的哪个品目?

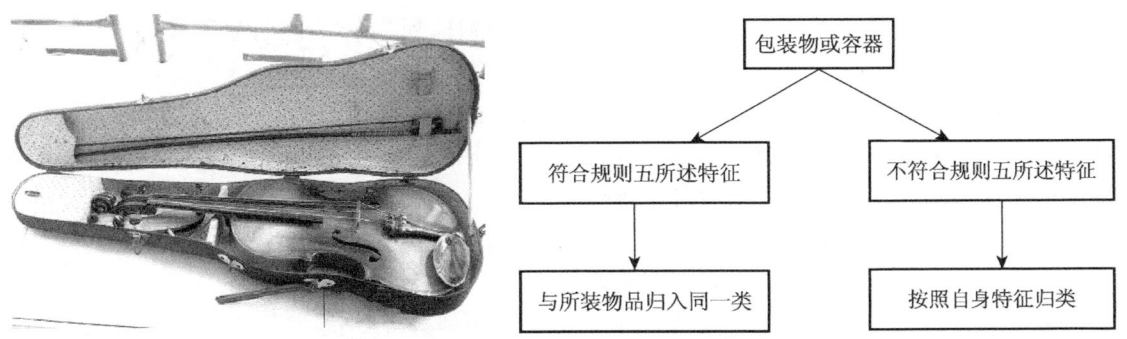

图 1-6　小提琴　　　　　　图 1-7　包装物或容器的归类法则

实训指南:

《协调制度》的归类总规则五是针对包装物品归类的专门条款,如图 1-7 所示。

实训操作:

该任务中所列小提琴的盒子,属于容器,凡是涉及包装物或容器,应首先判断其是否适用规则五,该商品很显然符合规则五(一)中所述的容器特征,因此应与所装物品归入同一类。即应归入"小提琴"所属的品目。那么接下来就是查找小提琴所属的品目。

首先,根据类和章的标题,初步判断小提琴应归入"第十八类 光学、照相、电影、计量、检验、医疗或外科用仪器及设备、精密仪器及设备;钟表;乐器;"中的"第九十二章 乐器及其零件、附件",其所属品目应为"92.02 其他弦乐器"(例如吉他、小提琴、竖琴)。

图中装小提琴的盒子应与小提琴一起归入品目 92.02。

【实训任务 1-2-8】

一款家庭两用沙发(晚上放开可当床睡觉),由木框、弹簧加软垫和化纤布面制成,请确定其 HS 编码。

实训指南:

以上几个任务讲的是品目的确定。本任务所依据的规则六讲的是品目下子目的确定,商品归类、查找 HS 编码即依次确定商品所在的类、章、品目及各级子目。

实训操作:

品目的确定参考前面任务的指南,可以确定该商品所属品目为 94.01。

接下来确定一级子目,品目 94.01 下面共有 9 个一级子目,子目确定的程序与品目一致,首先寻找与任务中所列出商品有关的一级子目,发现一级子目"9401.4 能做床用的两用椅,但庭院坐具和野营设备除外"和"9401.6 木框架的其他坐具",在确定该子目的时候又面临了第二类难题,由于注释中没有针对子目的注释,所以应直接启用规则三,即先后启用"具体列名原则,基本特征原则和从后归类原则",特别注意在确定品目时,应遵循"同级比较"的原则,即确定一级子目时,只根据一级子目的标题进行比较,而不能涉及二级子目的标题,即不能拿一级子目"9401.4 能做床用的两用椅,但庭院坐具或野营设备除外"和二级子目"9401.61 装软垫的"木框架的其他坐具,进行比较,而是要将一级子目"9401.4 能做床用的两用椅,但庭院坐具和野营设备除外"和一级子目"9401.6 木框架的其他坐具"进行比较。

首先启用具体列名原则,发现两个子目的列名基本一样具体,那么需要启用基本特征原则,看哪个子目更能体现该商品的基本特征,通过比较,发现一级子目"9401.4 能做床用的两用椅,但庭院坐具和野营设备除外"更能体现该商品的基本特征,所以确定该商品所属的一级子目为9401.4。

进一步确定该商品所在目录,在一级子目为9401.4,只有两个不同的分类,即9401.4010 皮革或再生皮革的和9401.4090 其他。由于该商品是化纤布面做成的,所以应选9401.4090 其他。该商品的 HS 编码为9401.4090,如图1-8 所示。

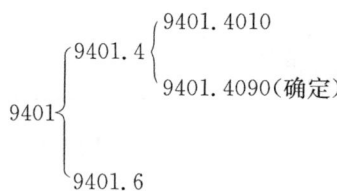

图 1-8　家庭两用沙发归类路径

实训任务三　掌握商品归类的操作程序及技巧

【实训任务 1-3-1】

从日本进口的家用轿车,气缸容量 2 000 毫升。请确定其 HS 编码。

实训指南:

在我国,商品归类即确定商品的 8 位数 HS 编码,正确的操作程序是进行准确商品归类的前提。进出口商品归类的具体操作程序如下。

第一步,确定商品所属品目(HS 编码的前四位)。

为了正确确定商品品目,应按以下顺序操作:

(1) 明确待定归类商品的特征。

(2) 查阅类和章的标题,并列出可能涉及的类和章。

(3) 查阅相应章中品目条文及其注释,并运用归类总规则,确定该商品品目。

品目的确定是商品归类中最重要的一步,只要确定了品目,一般品目下的子目比较好确定。

第二步,确定品目下的子目(HS 编码的后四位)。

(1) 查阅所属品目的一级条文和适用的注释。

(2) 如已查到该商品,则确定一级子目,如没有查到,则需要运用归类总规则。

(3) 依次确定二级、三级、四级子目。

实训操作:

第一步,确定品目。

(1) 查看类和章的标题,确定该商品属于"第十七类 车辆、航空器、船舶及有关运输设备"。

(2) 查看第十七类下面各章标题,发现第八十六章和第八十七章的商品都是车辆,但根据第八十六章的标题,该章包括的是轨道车辆,所以确定该商品属于"第八十七章 车辆及其零件、附件,但铁道及电车道车辆除外"。

(3) 查看第八十七章下各品目,根据商品特征可确定该商品属于第3个品目"87.03 主要用于载人的机动车辆(品目87.02的货品除外),包括旅行小客车及赛车"。

第二步,确定品目下的子目。

(1) 确定一级子目,查阅品目87.03下的一级子目,由于家用轿车一般是汽油机,属于点燃式的,所以确定该商品属于品目87.03下的第2个一级子目"8703.2 装有点燃往复式活塞内燃发动机的其他车辆"。

(2) 确定二级子目。查阅一级子目8703.2下的各二级子目,并结合该商品的特征,该汽车排量为2 000毫升,所以应属于一级子目8703.2下的二级子目"8703.23 气缸容量(排气量)超过1 500毫升,但不超过3 000毫升"。

(3) 确定三级子目。该商品属于二级子目8703.23下的三级子目"8703.234 气缸容量超过1500毫升,但不超过2 000毫升"。

(4) 确定四级子目。根据该商品特征,确定该商品属于三级子目8703.234下的四级子目"8703.2341 小轿车"。

该商品的HS编码为8703.2341。

【实训任务1-3-2】

印花布,平纹机制,棉65%,涤纶35%,180克/平方米,宽120厘米,成卷。请确定其HS编码。

实训指南:

参考[实训任务1-3-1]的实训指南。

实训操作:

第一步,确定商品所属品目。

(1) 查看类和章的标题,确定该商品属于第十一类 纺织原料及纺织制品。

(2) 查看第十一类下面各章标题,发现第十一类下面各章是按照纺织品纤维的原材料及纺织品的加工程度划分的。第五十章至第五十五章为纺织纤维和布匹,加工程度较低;第五十六至第六十三章为纺织制成品,如地毯、衣服等。根据该货品特征判断其属于第五十章至第五十五章,仔细阅读这几章标题,发现两个相关的章——"第五十二章 棉花"和"第五十五章 化学纤维短纤"。

(注释:化学纤维长丝与短纤的区别在于,长丝是化学纤维加工得到的连续丝条,未经过切断工序,分为单丝和复丝。短纤是化学纤维在纺丝后加工中由丝束经切断而成的各种长度规格的短纤维。)

现在我们面临第二类难题,根据归类路径图,首先应该启用规则一,即查看这两章的注释,看有没有关于这类问题的注释。

根据第十一类的类注二,任务中的货品应归入"第五十二章 棉花"。

(3) 确定品目。根据货品特征,应归入第五十二章下的第10个品目"52.10 棉机织物,按重量计含棉量在85%以下,主要或仅与化学纤维混纺,每平方米重量不超过200克"。

第二步,确定货品所属子目。

(1) 确定一级子目。根据该货品特征,应属于品目52.10下第5个一级子目"5210.5 印花"。

(2) 确定二级子目。该商品属于一级子目 5210.5 下二级子目"5210.51 平纹机织布"。

(3) 确定三级、四级子目。由于二级子目"5210.51 平纹机织布"下面没有再细分二级、三级子目,所以该货品的 HS 编码为 5210.5100。

【实训任务 1-3-3】

汽车用倒车雷达,装于轿车尾部,当倒车时距障碍物一定距离时即发出报警声以提示驾驶员。请确定其 HS 编码。

实训指南:

参看[实训任务 1-3-1]的实训指南。

实训操作:

第一步,确定该货品所属品目。

(1) 查看类和章的标题,该货品涉及"第八十五章 电机、电器设备及其零件;录音机及仿生机、电视图像、声音的录制和重放设备及其零件、附件"和"第八十七章 车辆及其零件、附件,但铁道及电车道车辆除外"。

(2) 查看第八十五和第八十七章品目,该商品涉及品目"85.12 自行车或机动车辆用的电器照明或信号装置(品目 85.39 的物品除外)、风挡刮水器、除霜器及去雾器"和品目"87.08 机动车辆的零件、附件,品目 87.01～87.05 所列车辆用"。

(3) 现在我们面临第二类难题,首先启用规则一,查看相关的类注、章注和品目注释,发现没有关于这个问题的具体注释。

(4) 接下来启用规则三,依次启用规则三(一)(二)(三),首先根据具体列名原则,比较两个品目哪个列名更为具体,发现品目 85.12 的列名比 87.08 更为具体,因此应归入品目 85.12。

第二步,确定子目。

(1) 确定二级子目,该商品是通过发出警报声来警告驾驶员的,所以属于音响信号装置,不是照明或视觉信号装置,因此应归入一级子目"8712.3 音响信号装置"。

(2) 确定二级、三级子目。一级子目"8712.3 音响信号装置"没有列二级子目,而是直接列出了两个三级子目"8012.301 机动车辆用"和"8012.309 其他"。该商品应归入"8012.301 机动车辆用"。

(3) 确定四级子目及 HS 编码。三级子目 8012.301 下有 3 个四级子目:8012.3011,8012.3012,8012.3019。该货品属于 8012.3019。

实训考核标准

项目	分值	项目	分值
协调制度目录	10	归类程序	10
归类总规则	20	归类操作	40
归类路径图	20		
		合计	100

项 目 小 结

　　本项目围绕教学目标,循序渐进地强化和提高学生的商品归类水平。首先让学生熟悉《协调制度》的商品归类目录,了解《协调制度》的五级分类目录,以及 HS 编码每一位所对应的目录级别。然后再介绍《协调制度》归类总规则的内容及使用方法,并且根据各个规则先后使用的次序,结合商品归类中经常遇到的两类难题,总结出商品归类路径图。商品归类路径图是编者个人经验的总结,当属首创,有助于学生理清思路,强化学生对商品归类总规则使用顺序的理解和记忆。最后通过几个实例来讲述商品归类的程序和商品归类技巧,进一步提高学生的商品归类水平。

实训项目二 进出口报关单的填制

实训目标

1. 了解报关单各联及其用途
2. 了解填制报关单时应注意的事项
3. 掌握进出口报关单表头各项目填制规范
4. 掌握进出口报关单表体各项目填制规范

实训要求

通过进出口报关单专项实训,学生应熟悉进出口报关单的格式及内容,明确报关单的具体填制要求;根据所给资料能够快速、准确地填制进出口报关单据,并能审核申报单证是否单单一致,纠正错误。

实训设计

让学生先完成相关实训任务,通过实训强化其对知识的理解,使学生学会进出口报关单的填制技巧,能够准确快速地完成报关单的缮制工作。

【业务操作背景】

天津盛鑫进出口公司(经营单位编码:1209941320)向日本出口商订购一批服装。2016年2月10日,日本出口商将该批货物从东京发运。载货运输工具于3月5日向天津新港海关申报进境。报关员小张是一名实习人员,经理决定将该批货物进口报关的手续交由他办理。小张要完成此次报关工作,有很多问题需要弄清楚。

【问题导入1】 我国报关企业目前使用的电子报关系统有哪些?

答:目前,我国报关企业使用的电子报关系统主要有以下三个。

1. 海关 H883/EDI 电子通关系统

H883/EDI 电子通关系统是中国海关报关自动化系统的简称,是我国海关利用计算机对进出口货物进行全面信息化管理,实现监管、征税、统计三大海关业务一体化管理的综合性信息利用项目。

EDI 报关系统的企业端报关软件是在 Windows 操作平台环境下运行的软件,操作方法与 Windows 其他应用软件一样,要求用户具有一定的计算机基础知识且对所用的电子数据交换通信方式有初步的了解。该系统采用了国际公认的标准报文格式,通过计算机通信网络系统进行数据交换。

2. 海关 H2000 电子通关系统

海关 H2000 电子通关系统是对 H883/EDI 电子通关系统的全面更新换代项目。H2000 电子通关系统在集中式数据库的基础上建立全国统一的海关信息作业平台,不但提高了海关管理的整体效能,而且使进出口企业真正享受到了简化报关手续的便利。进出口企业可以在其办公场所办理有关的海关申报、备案工作,为进出口货物通关提供了便利条件。

3. 中国电子口岸系统

中国电子口岸系统又称口岸电子执法系统,简称电子口岸,是与进出口贸易管理有关的国家12个部委利用现代计算机信息技术,将各部委分别管理的进出口业务信息电子底账数据集中放在公共数据中心,为政府管理机关提供跨部门、跨行业联网数据核查,为企业提供网上办理各种进出口业务的国家信息系统。

【问题导入2】 电子报关和无纸化通关含义相同吗?

答:电子报关是指进出口货物的收发货人或其代理人,按照《中华人民共和国海关进出口货物报关单填制规范》(以下简称《规范》)有关要求,向海关传递报关单电子数据,并备齐随附单证的申报方式。但一般情况下,进出口货物收发货人或其代理人发送电子数据报关单,接收到海关计算机系统返回的表示接受申报的信息后,还要到海关现场提交纸质报关单及随附单证。

而无纸通关依托海关H2000作业系统,以企业联网申报、海关电子数据审核、电子信息验放的方式,对不涉征税的进出口货物,由企业登录中国电子口岸,选择无纸报关方式申报,海关计算机系统审核申报的合法性和有效性,对符合条件的发送信息给口岸海关验放,不符合条件的由审单中心进行人工专业审单,审核无误的按无纸通道发送信息给口岸海关验放。对通过无纸通道放行的,企业凭海关通知回执等随附单证在口岸海关办理放行。进出口收发货人或其代理人采取无纸化通关模式报关一般不需要再提交纸质报关单和随附单证。

【问题导入3】 报关单共有几联,分别是什么?

答:纸质进口货物报关单一式四联,分别是:海关作业联、企业留存联、海关核销联、进口付汇证明联;纸质出口货物报关单一式五联,分别是:海关作业联、企业留存联、海关核销联、出口收汇证明联、出口退税证明联。

进出口货物报关单海关作业联是报关员配合海关查验、缴纳税费、提取或装运货物的重要单据,同时也是海关查验货物、征收税费、编制海关统计以及处理其他海关事务的重要凭证。

进口报关单付汇证明联和出口报关单收汇证明联是海关对于实际申报进出口货物所签发的证明文件,是银行和国家外汇管理部门办理售汇、付汇、收汇及核销手续的重要凭证之一。对需要出口收汇核销的货物,发货人向海关申领收汇证明联。对需要进口付汇核销的货物,收货人申领付汇证明联。

进出口货物报关单企业留存联是报关企业留存进出口货物报关单,作为合法出境货物的依据,也是在海关放行货物和结关以后,向海关申领进出口货物付汇、收汇证明联和出口货物退税证明联的文件。

进出口货物加工贸易核销联是指接受申报的海关对已实际申报进口或出口的货物所签发的证明文件,是海关办理加工贸易合同核销、结案手续的重要凭证。该联在报关时与海关作业联一并提供。加工贸易的货物进出口后,申报人凭此向主管海关办理加工贸易合同核销手续。

出口退税证明联是海关对已申报出口并装运出境的货物所签发的证明联,是国税部门办理出口货物退税手续的凭证之一。对可退税货物,出口发货人或其代理人在货物出运后,向海关申领出口退税证明联,海关核准后签发。不属于退税范围的,海关不予签发。

【问题导入4】 海关对填制进出口货物报关单有哪些要求?

答:海关对填制进出口货物报关单的要求如下:

(1) 申报人必须按照《海关法》《海关进出口申报管理规定》和《海关进出口货物报关单填制规范》的有关规定,向海关如实申报,不可以伪报、瞒报、虚报和迟报。

(2) 填制内容必须真实,做到"单证相符"和"单货相符",即所填报关单各栏目必须与商业发票、装箱单、批准文件和随附单据相符;必须与实际进出口货物情况相符。

（3）报关单的填报要准确、齐全、完整、字迹清楚,不得用铅笔或红色复写纸填写;若有更正,必须在更正项目上加盖"校对章"。一般用电脑打印或打字机打印。

（4）不同批文的货物、不同合同的货物、同一批货物中不同贸易方式、同一批货物不同运输方式、同一批货物相同运输方式但航次不同的货物,均应分单填报。

（5）一份原产地证书只能对应一份报关单。同一份报关单上的同一种商品不能同时享受协定税率和减免税。

（6）一份报关单最多填报20项商品。超过20项商品时,必须分单填报。一张纸质报关单上最多打印5项商品。

（7）一份报关单所申报的货物,需分项填报的情况主要有:商品编号不同的货物、商品名称不同的货物、计量单位不同的货物、原产国或最终目的国不同的货物、币制不同的货物、征免税不同的货物。

【问题导入5】 要顺利完成报关工作,有哪些需要注意的事项?

答:在完成报关工作时,需要注意的事项如下:

（1）在准备申报单证时,报关员必须对报关单严把关,能根据其他资料填制报关单,并审核报关单和其他单据内容是否一致,一旦发现问题及时纠正错误。

（2）要掌握进出口货物报关单各栏目的填制规范;掌握报关单各栏目的逻辑对应关系以及报关单与其他申报单证的对应关系。

实训任务一　熟悉报关单表头各项目的填制规范

【实训任务 2-1-1】

郑州某纺织加工贸易企业,将来料加工后的产品从郑州海关(关区代码4602)结转给湖北武汉一家纺织厂,由其继续深加工后出口。郑州这家纺织加工贸易企业在填写进口报关单时,"进口口岸"栏目应如何填报?

实训指南：

进(出)口口岸指货物实际进出我国关境口岸海关的名称及代码,相应信息可在"关区代码表"查询。具体填报要求如下：

（1）"进口口岸"栏目填报货物运抵我国关境的第一个口岸海关的名称及代码。

（2）"出口口岸"栏目填报货物运离我国关境的最后一个口岸海关的名称及代码。

（3）无实际进出境的货物在该栏填报接受申报海关的名称及代码。

（4）无法确定进(出)口岸的货物在该栏填报接受货物申报的海关名称及代码。

（5）进口转关运输货物在该栏应填报货物进境地海关名称及代码。出口转关运输货物在该栏应填报货物出境地海关名称及代码。

（6）按转关运输方式监管的跨关区深加工结转货物,出口报关单在该栏填报转出地海关名称及代码,进口报关单在该栏填报转入地海关名称及代码。

实训操作：

按转关运输方式监管的跨关区深加工结转货物,在进口货物报关单"进口口岸"栏目应填报货物转入地海关名称及代码。该任务所涉及的深加工结转货物,转入地海关是武汉海关。因此,进口口岸应填报为："武汉海关及关区代码4701"。

【实训任务 2-1-2】

北京中程服装加工贸易企业,在北京海关(关区代码：0101)申报海运转关出口到英国一批服装,由天津新港(关区代码：0202)装船出境。其转关运输货物报关单上的"出口口岸"栏目应如何填报?

实训指南：

参考[实训任务 2-1-1]的实训指南。

实训操作：

出口口岸是指货物实际出境地口岸海关的名称。出口转关运输货物,应填报货物出境地海关名称及代码。该任务是在北京海关办理报关手续后,转关至天津新港海关出境的。因此,出口口岸应填报为"新港海关及关区代码0202"。

【实训任务 2-1-3】

2016年3月2日,郑州盛洪有限公司采用H2000通关系统向郑州海关申报进口78种列名客供辅料一批,价值4 500美元,用于为美国客户来料加工护士服。该护士服在加工贸易合同的

《加工贸易手册》的编号为 B01170305211。该公司在填制进口报关单时"备案号"栏目应如何填报?

实训指南:

备案号是指进出口企业办理报关手续时应向海关递交的相关的海关备案审批文件编号。备案号为 12 个字符,其中第一位为标记代码。主要包括中华人民共和国海关加工贸易手册、中华人民共和国进出口货物征免税证明、来料加工登记手册、适用 ITA 税率的商品用途认定证明等备案审批文件的编号。具体填报要求如下:

(1) 一份报关单只能填写一个备案号,对于一般进出口货物该栏目免于填报。

(2) 备案号的首位标记应与报关单"贸易方式"、"征免性质"、"征免"、"用途"及"项号"等栏目相对应。

(3) 其他填报要求:①加工贸易成品凭"征免税证明"转为享受减免税进口货物或需审批备案后办理形式进口的货物,进口报关单填报"征免税证明"编号,出口报关单填报《加工贸易手册》编号。②中国香港、澳门 CEPA 项下进口货物,本栏目填报中国香港或澳门的原产地证书编号。具体填报方式:"Y"+"11 位原产地证书编号"。其他优惠贸易协定下需要提交原产地证书的货物,如曼谷协定和东盟规则项下,因未实行原产地证书的联网管理而不填报此栏目(只填报在随附单据栏)。适用中国香港、澳门 CEPA 项下进口货物除了备案号的栏目填写外还需要留意原产地证书在"随附单据栏"的填写。③出入出口加工区的保税货物,应填报标记代码为 H 的电子账册备案号;出入出口加工区的特定免税货物、物品,应填报标记代码为 H、第六位为 D 的电子账册备案号。

备案号的字头为备案或审批文件的标记,如表 2-1 所示。

表 2-1 备案号首位字母标记

首位代码	备案审批文件	首位代码	备案审批文件
B	加工贸易手册(来料加工)	K	保税仓库备案式电子账册
C	加工贸易手册(进料加工)	Y	原产地证书
D	加工贸易不作价进口设备	Z	征免税证明
E	加工贸易电子账册	RB	减免税货物补税通知书
H	出口加工区电子账册	RT	减免税进口货物同意退运证明
J	保税仓库记账式电子账册	RZ	减免税进口货物结转联系函

实训操作:

在该实训任务中,本栏目免予填报。备案号是指进出口企业在海关办理加工贸易合同备案或征、减、免税审批备案等手续时,海关给予的《加工贸易手册》"征免税证明"或其他有关备案审批文件的编号。无备案审批文件的报关单,备案号免予填报。该任务所涉及的进口货物是 5 000 美元以下的 78 种客供服装辅料,按海关规定,可不办理《加工贸易手册》。因此,备案号应予免填。同时,在"贸易(监管)方式"栏目,应填报为"低值辅料(0815)"。

【实训任务 2-1-4】

天津某公司从国外进口两台机器设备,采用 FOB 术语成交,载货船舶于 2016 年 5 月 3 日向天津新港海关申报进境,该公司报关员在填制报关单时"进口日期"栏目应如何填报?

实训指南：

进口日期是指申报货物的运输工具申报进境的日期；出口日期是指申报货物的运输工具办结出境手续的日期。该栏目为8位数字，顺序为年（4位）、月（2位）、日（2位）。如2016年7月18日申报则填报为"20160718"。具体填报要求如下：

（1）进口日期须与相应的运输工具进境日期相同，如无法确定相应运输工具的实际进境日期则该栏目免于填报。

（2）无实际进出境的报关单填报办理申报手续的日期，以海关接受申报的日期为准。

（3）集中申报的报关单，进出口日期以海关接受申报的日期为准。

（4）出口日期以载运出口货物的运输工具实际离境日期为准，海关与运输企业实行舱单数据联网管理的，出口日期由海关自动生成。本栏目供海关打印报关单证明联用，免于填报。

实训操作：

在该任务中，载货运输工具于2016年5月3日向海关申报进境，则"进口日期"栏目应填报为"20160503"。

【实训任务 2-1-5】

广州某公司从国外进口一批货物，总金额为35 000美元。2016年1月15日，载货船舶向广州黄埔海关申报进境。次日，该公司向黄埔海关办理进口申报手续，海关当天接受进口申报。根据以上资料确定该批货物的申报日期。

实训指南：

申报日期指海关接受进出口货物收发货人或接受委托的报关企业向海关申请办理货物进出口手续的日期。该栏目为8位数，顺序为年（4位）、月（2位）、日（2位）。具体填报要求如下：

（1）以电子数据报关单方式申报的，申报日期为海关计算机系统接受申报数据时记录的日期。以纸制报关单方式申报的，申报日期为海关接受纸制报关单并进行登记处理的日期。

（2）一般情况下，进口货物申报日期不得早于进口日期；出口货物申报日期不得晚于出口日期。

本栏目在申报时免予填报。

实训操作：

在该任务中，2016年1月16日，该公司向黄埔海关申报货物进境，因此，该批货物申报日期为2016年1月16日。

【实训任务 2-1-6】

郑州信达机械有限公司（经营单位编码：4101230200）是一家中美合资企业，2016年3月其委托河南省制造设备进出口有限公司与美国SAM企业签约进口一批机械设备，并委托郑州中外运报关公司代理报关，在填制进口报关单时，"经营单位"栏目应如何填报？

实训指南：

经营单位是指对外签订并执行进出口贸易合同的中国境内企业、单位或个人。本栏目应填报经营单位中文名称和经营单位编码。经营单位编码是经营单位在海关办理注册登记手续时，海关给予的注册登记10位数的编码。经营单位编码的结构如下：

（1）第1至第4位为进出口单位属地的行政区划代码。

(2) 第 5 位为企业注册地经济区划代码(见表 2-2)。

(3) 第 6 位为进出口企业经济类型代码(见表 2-2)。

(4) 第 7 至第 10 位为顺序编号。

表 2-2　企业注册地经济区划代码及进出口企业经济类型代码表

第 5 位数(企业注册地经济区划代码)		第 6 位(进出口企业经济类型代码)	
1	经济特区	1	国有企业
2	经济技术开发区	2	中外合作企业
3	高新技术产业开发区	3	中外合资企业
4	保税区	4	外商独资企业
5	出口加工区/珠澳跨境工业区	5	集体企业
6	保税港区/综合保税区	6	民营企业
7	保税物流园区	7	个体工商户
8	综合实验区	8	报关企业
9	其他	9	其他
A	国际边境合作中心	A	国营对外加工企业(无进出口经营权)
W	保税物流中心	B	集体对外加工企业(无进出口经营权)
		C	私营对外加工企业(无进出口经营权)

该栏目填报注意事项:

(1) 进出口企业之间相互代理进出口的,填报代理方。如北京宇都商贸有限公司委托大连化工进出口公司(经营单位编码:2102911013)与韩国签约进口电动叉车,则经营单位栏目应填报"大连化工进出口公司 2102911013"。

(2) 外商投资企业委托进出口企业进口投资设备、物品的,填报外商投资企业,并在标记唛吗及备注栏注明"委托某进出口企业进口"。

(3) 当进出口货物的签订者和执行者非同一企业时应填报执行合同的企业。

(4) 进口援助、赠送、捐赠的货物,填写直接接受货物的单位的名称及海关编码(多为临时的编码)。

(5) 经营单位编码第 6 位数为"8"的单位是只有报关权没有进出口经营权的企业,不得作为经营单位填报。

实训操作:

根据报告单填制规范的要求,外商投资企业委托有进出口权的企业进出口,填制进口报关单时,"经营单位"一项应为委托单位。因此,该任务中"经营单位"栏目应填报为"郑州信达机械有限公司 4101230200"。

【实训任务 2-1-7】

河南省某企业经营单位编码为"241354XXXX",从海关注册编码判断市内经济区划和该企业性质是什么?

实训指南：

参考[实训任务 2-1-6]的实训指南。

实训操作：

经营单位编码中第 5 位数为企业注册地经济区划代码，在该任务中，第 5 位数字为"5"，表示出口加工区。第 6 位数字为"4"，表明企业性质为外商独资企业。

【实训任务 2-1-8】

2016 年 7 月份，郑州某公司向国外出口一批液晶电视机，采用的运输方式为航空运输，出口报关单上"运输方式"栏目应如何填报？

实训指南：

运输方式是指载运货物进出关境所使用的运输工具的分类，包括实际运输方式和海关规定的特殊运输方式。实际运输方式指载运货物实际进出关境的运输方式，主要包括水路运输、铁路运输、航空运输等。特殊运输方式用于没有实际进出境的货物，如从保税区运往非保税区的货物、保税仓库转内销货物、其他没有实际进出境的货物等。

该栏目在填报时应结合实际运输情况按海关规定的"运输方式代码表"选择填报相应的运输方式名称或代码。具体填报要求如下：

（1）进境货物的运输方式，按货物运抵我国关境第一口岸时的运输工具种类确定运输方式填报。

（2）出境货物的运输方式，按货物运离我国关境最后一个口岸时的运输工具种类确定运输方式填报。

（3）进口转关运输货物，按载运货物抵达进境地的运输方式填报；出口转关运输货物，按载运货物驶离出境地的运输方式填报。

（4）非邮政方式进出口的快递货物，按实际运输方式填报。

实训操作：

该任务中，郑州公司采用的运输方式是航空运输，根据"运输方式代码表"，报关单上"运输方式"栏目应填报"5"或"航空运输"。

【实训任务 2-1-9】

2016 年 10 月，广州通达公司从国外购买一批机器设备，用"DONFFANG"号货轮装运进境，再向口岸海关办理转关手续，转关申报单编号为 0327048654505324，之后在指运地海关办理正式进口报关手续。小亮是该公司的外贸业务员，应如何填报报关单"运输工具名称"栏目？

实训指南：

运输工具名称是指实际载运货物进出境的运输工具的名称或运输工具编号。在纸质报关单上，"运输工具名称"与"航次号"合并填报在"运输工具名称"栏内。具体填报要求如下：

（1）水路运输应填报船舶英文名称（来往港澳小型船舶为监管簿编号）或者船舶编号＋"/"＋航次号。例如，提单显示"Shipped by S/S：SHUNDA V.203"，本栏目填报为"SHUNDA/203"。

（2）公路运输填报该跨境运输车辆的国内行驶车牌号＋"/"＋进出境日期。

（3）铁路运输填报车厢编号或交接单号＋"/"＋进出境日期。

(4) 航空运输填报航班号。如"MA3701"。
(5) 邮政运输填报邮政包裹单号+"/"+进出境日期。
(6) 其他运输填报具体运输方式名称,如"管道""驮畜"等。

在转关运输情况下,水路运输,直转、提前报关填报"@"+16位转关申报单预录入号或13位载货清单号。铁路运输,直转、提前报关填报"@"+16位转关申报单预录入号。航空运输,直转、提前报关填报为"@+16位转关申报单预录入号或13位载货清单号"。

实训操作:

在[实训任务2-1-9]中,该批货物在口岸办理转关手续,运抵指运地办理正式进口报关手续,可判断其进口转关方式为直转转关。直转、提前报关转关填报为"@+16位转关申报单预录入号(或13位载货清单号)",因此,"运输工具名称"栏应填报为"@0327048654505324"。

【实训任务2-1-10】

天津商贸进出口有限公司出口一批货物,提单上显示S/S EAST EXPRESS V801E,出口报关单上"运输工具名称"栏目应如何填报?

实训指南:

参考[实训任务2-1-9]的实训指南。

实训操作:

根据报关单填制规范,该任务中出口货物报关单上"运输工具名称"栏目应填"EAST/V801E"。

【实训任务2-1-11】

2016年7月8日,天津裕达国际贸易公司向海关申报出口一批货物,该批货物的总提单号为ATTS0143250,分提单号为ATTS0143250T,其出口货物报关单上的"提运单号"栏目应如何填报?

实训指南:

提运单号指进、出口货物提单或运单的编号。一份报关单只能填写一个提运单号,一票货物对应多份提运单时,应分单填报。

直接在出入境地办理报关手续的报关单具体填报要求如下:

(1) 江海运输填报进出口提单号。如有分提单的,填报进出口提单号+"*"+分提单号。
(2) 航空运输填报总运单号(11位)+"-"+分运单号(一般是8位数字)。无分运单的填报总运单号。
(3) 汽车运输免于填报。
(4) 铁路运输填报运单号。
(5) 邮件运输填报邮运包裹单号。

实训操作:

水路运输应填报进出口提单号,如果有分运单的,应填报进出口提单号+"*"+分提单号,因此,在该任务中"提运单号"栏目应填报为"ATTS0143250 * ATTS0143250T"。

【实训任务2-1-12】

广州宇翔进出口公司(海关注册编码:4401951231)自行从日本进口女装一批。其进口货物报关单上的"收货单位"栏目应如何填报？

实训指南：

收货单位是指进口货物在境内的最终消费单位、使用单位，包括自行从境外进口货物的单位和委托有进出口经营权的企业进口货物的单位等。发货单位是指出口货物在境内的生产或销售单位，包括自行出口货物的单位和委托有进出口经营权的企业出口货物的单位等。具体填报要求如下：

（1）本栏目填报收货单位/发货单位的中文名称及海关注册编码，无海关注册编码的填其中文名称。

（2）加工贸易报关单的收、发货单位应与加工贸易手册的货主单位一致。

（3）减免税货物报关单的收、发货单位应与征免税证明的申请单位一致。

（4）进出口货物的最终消费、使用单位难以确定的，以货物进口时预知的最终收货单位为准；出口货物的生产或销售单位难以确定的，以最早发运该出口货物单位为准进行填报。

实训操作：

收货单位是指已知的进口货物在境内的最终使用单位。备有海关注册编号的收货单位，"收货单位"栏必须填报海关注册编号。该任务中是广州宇翔进出口公司为本企业自行进口。因此，"收货单位"栏目应填报为"广州宇翔进出口公司 4401951231"。

【实训任务 2-1-13】

广州农产品进出口公司（海关注册编码：4401912131）从河南省采购一批新郑红枣出口。其出口货物报关单上的"发货单位"栏目应如何填报？

实训指南：

参考［实训任务 2-1-12］的实训指南。

实训操作：

发货单位是指出口货物在境内的生产或销售单位。有海关注册编号或加工生产企业编号的发货单位，本栏目必须填报经营单位编码或加工生产企业编号。广州农产品进出口公司出口的货物是采购其他生产企业生产的产品后出口的。因此，"发货单位"栏目应填报为"广州农产品进出口公司 4401912131"。

【实训任务 2-1-14】

某外贸公司（甲方）与日本某公司（乙方）签订了一份合同。合同规定：由乙方卖给甲方价值 4 000 美元用于制作服装的辅料，甲方用该辅料和国产主料加工成价值 40 万美元的西服返销给乙方。在填制进出口货物报关单"贸易方式"栏目时应如何填报？

实训指南：

贸易方式是专指以国际贸易中进出口货物的交易方式为基础，结合海关对进出口货物监督管理需要综合设定的对进出口管理管理方式。监管方式代码包括 4 位数字，一份报关单只能填写一种贸易方式。本栏目应根据货物实际情况，按照海关规定的"贸易方式代码表"选择相应的贸易方式或代码进行填报。

常用的贸易方式有一般贸易（0110）、来料加工（0214）、来料料件内销（0245）、来料深加工（0255）、不作价设备（0320）、加工贸易设备（0420）、减免设备结转（0500）、进料对口（0615）、进料

料件内销(0644)、进料余料结转(0657)、保税仓库货物(1233)等。具体填报要求如下:

(1) 本栏目应根据实际情况,并按海关规定的"贸易方式代码表"选择填报相应的贸易方式简称或代码。

(2) 一份报关单只允许填报一种贸易方式。如果一票货物中一部分货物适用一种贸易方式,另一部分适用另外的贸易方式,则应该分别填制报关单申报。

(3) 加工贸易特殊情况填报要求如下:①少量低值辅料(即5 000美元以下,78种以内的低值辅料)按规定不使用《加工贸易手册》的,辅料进口报关单填报"低值辅料"。使用《加工贸易手册》的,按《加工贸易手册》上的贸易方式填报。使用《加工贸易手册》是指已在《加工贸易手册》中备案的,如果使用的是《进料加工贸易手册》,则贸易方式应该填"进料对口"。如果使用的是《来料加工贸易手册》,则贸易方式填写"来料加工"。②外商投资企业为加工内销产品而进口的料件,进口报关单填报"一般贸易"。外商投资企业为加工出口产品全部使用国内料件的出口合同,成品出口的报关单填报"一般贸易"。③加工贸易料件转内销货物(及按料件补办进口手续的转内销成品、半成品、残次品)应填制进口报关单,本栏目填报"来料料件内销(0245)"或"进料料件内销(0644)",相关联的还有"来料边角料内销(0845)""进料边角料内销(0844)"。④加工贸易成品凭"征免税证明"转为享受减免税进口货物的,应分别填制进、出口报关单。出口报关单本栏目填报"来料成品减免(0345)"或"进料成品减免(0744)"。⑤加工贸易出口成品因故退运进口的,分别按不同贸易方式填报"来料成品退运(4400)"或"进料成品退运(4600)"。

实训操作:

在该任务中,进口料件时报关单"贸易方式"栏应填写"进料对口",出口成品时报关单"贸易方式"栏应填报为"一般贸易"。

【实训任务2-1-15】

河南机械制造进出口公司持C05132401234加工贸易手册进口一批机器零配件,"征免性质"栏目应如何填报?

实训指南:

征免性质指海关根据《中华人民共和国海关法》《中华人民共和国出口关税条例》及国家有关政策对进出口货物实施的征、减、免税管理的性质类别,是海关对进出口货物征、减、免税进行分类统计分析的重要基础。具体填报要求如下:

(1) 一份报关单只允许填报一种征免性质,如果涉及多个征免性质,要分单进行填报。

(2) 报关单的"征免性质"栏目应按照海关核发的征免税证明中批注的征免性质填报,或根据进出口货物的实际情况,参照"征免性质代码表"选择填报相应的征免性质简称或代码。

(3) 加工贸易货物应按海关核发的登记手册中批注的征免性质填报相应的征免性质简称或代码。

(4) 特殊情况填报要求如下:

外商投资企业为加工内销产品而进口料件,填报"一般征税";加工贸易转内销货物,按实际应享受的征免性质填报;料件退运出口、成品退运进口的货物填报"其他法定";加工贸易结转货物,不予填报。

实训操作:

在该任务中,备案号首位字母C表示的是进料加工,因此报关单"征免性质"栏目应填报为"进料加工"或"503"。

【实训任务 2-1-16】

广州飞宇纺织品有限公司(经营单位编码:4401325923)采用国产原材料生产一批服装出口,"征免性质"栏目应如何填报?

实训指南:
参考[实训任务 2-1-15]的实训指南。

实训操作:
根据经营单位编码的第六位数字"2"可以判断,广州飞宇纺织品有限公司是一家中外合作企业,则"征免性质"栏目应填报为"中外合作"或"602"。

【实训任务 2-1-17】

河南某进出口贸易企业从美国进口的两台精密仪器存在质量问题,该公司于2016年3月15日向海关申报将机器退运出境。其报关时向海关提供的退货合同上的"结汇方式"显示为"票汇"(结汇方式代码为3)。其出口货物报关单上的"结汇方式"栏目应如何填报?

实训指南:
征税比例原用于"进料非对口"贸易方式下进口料件的进口报关单,目前进口报关单征税比例栏目免予填报。

结汇方式指出口货物的收发货人或其代理人收结外汇的方式。在填写出口报关单时,结汇方式栏目不得为空,应根据海关规定的"结汇方式代码表(见表 2-3)"选择相应的结汇方式名称或代码,如货物出口不需结汇,应填报为"其他"。

表 2-3　结汇方式代码表

代码	结汇方式名称	英文缩写
1	信汇	M/T
2	电汇	T/T
3	票汇	D/D
4	付款交单	D/P
5	承兑交单	D/A
6	信用证	L/C
7	先出后结	
8	先结后出	
9	其他	

实训操作:
出口货物是原进口货物因质量不符而退运出境的机械设备。因此,"结汇方式"栏目应填报为"票汇"或"3"。

【实训任务 2-1-18】

北京某公司(经营单位编码:1102233100)是一家中外合资企业,其使用自有资金委托北京开元贸易公司(经营单位编码:1102913320)持 1200-2016-WZ-00327 号自动进口许可证进口机器零配件。进口货物报关单"许可证号"栏目应如何填报?

实训指南:

许可证号是国务院商务主管部门及其授权发证机关签发的进出口货物许可证的编号。许可证管理商品必须填报,非许可证管理商品本栏目为空。另外,一张报关单只允许填报一个许可证号。

本栏涉及的填报内容包括:进(出)口许可证、出口许可证(加工贸易)、两用物项和技术进(出)口许可证、两用物项和技术出口许可证(定向)、出口许可证(边境小额贸易)七类证件的编号。

注意:除上述七类许可证以外的其他的监管证件不填报在"许可证号"栏目,而应当在"随附单据"栏目填报,如"自动进口许可证"应当在"随附单据"栏填报。

实训操作:

自动进口许可证不属于监管证件,因此不能将自动进口许可证号"1200-2016-WZ-00327"填写在"许可证号"栏目中,本栏目不需填报。

【实训任务 2-1-19】

郑州绿城汽车有限公司与美国(国别代码:502)某公司签约,进口 500 辆通用轿车,该批货物从美国港口起运,经香港中转运抵我国境内,则进口货物报关单上的"启运国(地区)"栏目应如何填报?

实训指南:

启运国(地区)是指进口货物起始发出的国家(地区);运抵国(地区)是指出口货物直接运抵的国家(地区)。本栏目应按海关规定的"国别(地区)代码表"选择填报相应的起运国(地区)货运抵国(地区)中文名称或代码。无实际进出境的,本栏目填报为"中国"(代码:142)。具体填报要求如下:

(1) 在没有发生中转的情况下,不管与哪个国家(地区)发生的交易,货物起始装运发出的国家(地区)为起运国(地区)。也即直接运抵货物以起始装运发出的国家(地区)为启运国(地区)。

(2) 对发生运输中转的货物,分为以下两种情况:①发生中转但不是与中转地的所在国家的商家发生的商业行为(买卖关系),仍是以货物起始发出的国家或地区为启运国(地区)。②发生中转并且是与中转地的所在国家的商家发生的商业行为(买卖关系),则中转地所在的国家或地区为启运国(地区)。

实训操作:

"启运国(地区)"是指进口货物直接运抵或者在运输中转国(地区)未发生任何商业性交易的情况下,运抵我国的起始发出的国家(地区)。启运国(地区)应按海关规定的"国别(地区)代码表"选择填报相应的启运国(地区)中文名称或代码。因此,"启运国(地区)"栏目应填报为"美国"或"502"。

【实训任务 2-1-20】

郑州某外贸公司与香港 A 公司签约,从日本进口一批陶瓷制品,该批货物从日本港口起运,经香港中转运抵我国境内,报关单"启运国"栏目应如何填报?

实训指南：

参考[实训任务 2-1-19]的实训指南。

实训操作：

由于在中转地香港发生了商业性交易，因此，在实训任务中，报关单上"启运国（地区）"一栏应填报为"香港"。

【实训任务 2-1-21】

郑州某外贸公司与香港 B 公司签约，向美国出口一批服装，经香港中转至美国纽约，则出口货物报关单"运抵国（地区）"如何填报？

实训指南：

参考[实训任务 2-1-19]的实训指南。

实训操作：

由于在中转地发生了商业性交易，则以中转地作为运抵国（地区），因此，在实训任务中"运抵国"栏目应填报为"香港"。

【实训任务 2-1-22】

北京某进出口公司向荷兰海运出口设备一批。该设备在天津新港装船后，经香港港口（港口航线代码：1039）运往荷兰鹿特丹港（港口航线代码：2309）。其出口货物报关单上的"指运港"栏目应如何进行填报？

实训指南：

装货港是指进口货物在运抵我国关境前最后一个境外装运港。指运港是指出口货物运往境外的最终目的港。本栏目应根据实际情况按海关规定的"港口航线代码表"选择填报相应的港口中文名称或代码，具体填报要求如下：

（1）对于直接运抵货物，以货物实际装货的港口为装货港，货物直接运抵的港口为运抵港。

（2）对于发生运输中转的货物，中转港为装货港，指运港不受中转影响。

（3）对于无实际进出境的货物，本栏目填报"中国境内"（代码"0142"）。

实训操作：

指运港不受中转影响。按照海关规定的"港口航线代码表"所示，选择填报相应的港口中文名称或代码。出口货物最终目的地是荷兰的鹿特丹港，因此，"指运港"栏目应填报为"鹿特丹港"或"2309"。

【实训任务 2-1-23】

天津裕达外贸公司从美国进口一批货物，承运船舶在纽约港口装货启运，途中经过香港维多利亚港口时进行转运，货物装上"DONGFENG"号轮 HN300W 航次（提单号：ST8900），该公司于 2016 年 7 月 16 日向新港海关申报进境。进口货物报关单上"装货港"栏目应如何填报？

实训指南：

参考[实训任务 2-1-22]的实训指南。

实训操作：

从本实训任务中所列条件可以知道中转港是香港，因此"装货港"栏目应填"香港维多利亚港"。

【实训任务 2-1-24】

2016年7月10日，郑州中程进出口公司（国内地区代码：41013）接受郑州某商场（国内地区代码：41019）委托从法国进口一批香水，运输方式为航空运输，其进口货物报关单上的"境内目的地"栏目应如何填报？

实训指南：

境内目的地是指已知的进口货物在境内的消费、使用地区或最终运抵的地点；境内货源地指出口货物在境内的生产地或原始发货地（包括供货地点）。"境内目的地"栏目和"境内货源地"栏目应按"国内地区代码表"选择国内地区名称或代码填报。

进口货物最终使用单位难以确定的，填报进口货物时预知的最终收货单位所在地；出口货物产地难以确定的，填报最早发运该出口货物的单位所在地。

实训操作：

境内目的地应根据进口货物的收货单位所属国内地区，并按海关规定的"国内地区代码表"，选择填报相应的国内地区名称或代码。该任务所涉及的进口货物在国内使用的单位是郑州某商场。因此，"境内目的地"栏目应填报为"41019"。

【实训任务 2-1-25】

上海浦东新区的中国纺织品进出口有限公司（国内地区代码：31222）接受位于北京市朝阳区（国内地区代码：11059）的某服装企业的委托，向日本海运出口男式衬衫一批。其出口货物报关单上的"境内货源地"栏目应如何填报？

实训指南：

参考［实训任务2-1-24］的实训指南。

实训操作：

境内货源地是指出口货物在国内的产地或原始发货地。同时，应根据出口货物生产厂家或发货单位所属国内地区，并按海关规定的"国内地区代码表"，选择填报相应的国内地区名称或代码。该任务所涉及的出口货物来自位于北京市朝阳区内某服装生产企业。因此，"境内货源地"栏目应填报为"北京朝阳区"或"11059"。

【实训任务 2-1-26】

郑州裕达贸易有限责任公司与英国一家企业签订一份进口纺织品的合同，其在向海关申报进口时提供的发票显示：FOB新港15万美元，进口货物报关单上的"成交方式"栏目应如何填报？

实训指南：

成交方式是指在进出口贸易中进出口商品的价格构成和买卖双方各自应承担的责任、费用和风险，以及货物所有权转移的界限。本栏目应根据实际成交价格条款按海关规定的"成交方式代码表"填报相应的成交方式代码。如发票上单价栏显示为：CIF LONDON，则成交方式栏目填报为"CIF"或"1"。

无实际进出境的货物,进口成交方式为CIF或其代码,出口成交方式为FOB或其代码。

表2-4 成交方式代码表

成交方式代码	成交方式名称	成交方式代码	成交方式名称
1	CIF	4	C&I
2	CFR(C&F/CNE)	5	市场价
3	FOB	6	垫仓

实训操作:

成交方式栏目根据海关规定的"成交方式代码表"选择相应的成交方式代码见表2-4。因此,在本实训任务中,报关单"成交方式"栏目应填报为"3(FOB)"。

【实训任务2-1-27】

河南省某外贸公司从日本进口一批货物,运费单价为200美元,则进口货物报关单上"运费单价"栏目应如何填报?如运费总价为5000美元,"运费总价"栏目应如何填报?

实训指南:

运费是指进口货物运抵我国境内输入地点起卸前的运输费用,出口货物运至我国境内输出地点装载后的运输费用。

本栏目用于成交价格中不包含运费的进口货物或成交价格中含有运费的出口货物,即FOB进口或CIF、CFR出口,应填报该份报关单所含全部货物的国际运输费用。

在填报时,可按运费单价、总价或运费率三种方式之一填报,同时注明运费标记,并按海关规定的"货币代码表"选择填报相应的币种代码。运费标记"1"表示运费率,"2"表示每吨货物的运费单价,"3"表示运费总价。

根据栏目标记,本栏目填报如下:

(1)运费率:直接填报运费率的数值,如5%的运费率填报为"5"。

(2)运费单价:填报运费币值代码+"/"+运费单价的数值+"/"+运费单价标记,如30美元的运费单价填报为"502/30/2"。

(3)运费总价:填报运费币值代码+"/"+运费总价的数值+"/"+运费总价标记,如3 000美元的运费总价填报为"502/3 000/3"。

(4)运保费合并计算的,运保费填报在运费栏目中。

实训操作:

根据运费栏目填制要求,该实训任务中的"运费单价"栏目应填报为"502/200/2";"运费总价"栏目填报为"502/5 000/3"。

【实训任务2-1-28】

天津一家进出口公司向海关申报从日本进口一批捕鱼设备,申报时其向海关提供的发票显示:保险费2 000英镑,则出口报关单的"保费"栏目应如何填报?

实训指南:

本栏目用于成交价格中不包含保险费的进口货物或成交价格中含有保险费的出口货物,即

"FOB""CFR"进口或"CIF"出口,应填报该份报关单所含全部货物国际运输的保险费用。

在具体填报时结合实际情况选择保费总价或保险费率进行填报,同时注明保险费标记,并按海关规定的"货币代码表"选择填报相应的币种代码。"1"表示保险费率,"3"表示保费总价。

运保费合并计算的,运保费填报在"运费"栏中,本栏目免予填报。

实训操作:

根据该实训任务中所给资料,"保费"栏目应填报为"303/2 000/3"。

【实训任务 2-1-29】

一张发票上有如下信息,根据这些信息填报杂费栏目。
CFR DALIAN IN USD
PRICE：USD200 PER M/T CFR LONDON
TOTAL AMOUNT：USD38 000.00
FREIGHT：USD3 500.00
PACKING CHARGES INCLUDED：150.00
LESS 10％OF DISCOUNT：USD3 800.00
90％OF INVOICE VALUE：USD34 200.00

实训指南:

杂费是指成交价格以外的、按照《中华人民共和国进出口关税条例》等相关规定应计入完税价格或应从完税价格中扣除的费用。

在填报时,可按杂费总价或杂费率两种方式之一填报,同时注明杂费标记,并按海关规定的"货币代码表"选择填报相应的币种代码。应计入完税价格的杂费填报为正值或正率,应从完税价格扣除的杂费填报为负值或负率,无杂费的不予填报。填报要求如下：

(1) 杂费率。"1"表示杂费率。如应计入完税价格的1.8％的杂费率填报为"1.8/1";应从完税价格中扣除的0.5％的回扣率填报为"-0.5/1"。

(2) 杂费总价。"3"表示杂费总价,填报为"币值代码/杂费总价/3"。如：应计入完税价格的1 500美元杂费总价填报为"502/1 500/3"。

实训操作:

在上述实训任务中,发票信息显示成交方式是CFR,而CFR的总价是USD38 000.00,它包括了包装费150美元以及10％的折扣。但在我方支付给外方的货款中,10％的折扣(LESS 10％OF DISCOUNT：3 800美元)是不需要支付的。因而在确定完税价格时应该从CFR的总价中扣除。所以,折扣3 800美元应该作为扣除的杂费填报在杂费栏,填写为"502/-3 800.00/3"。

【实训任务 2-1-30】

河南省某外贸公司向美国出口4 500公吨散装大米,这批大米分装在同一条船的不同船舱里。根据以上资料填报出口报关单的件数和包装种类栏目。

实训指南:

件数是指有外包装的单件进出口货物的实际件数,货物可以单独计数的一个包装称为一件。报关单上件数一栏填报要求为：

(1) 本栏目应填报有外包装的进(出)口货物的实际件数。

(2)本栏目不得填报为零,裸装与散装货物应填报为"1"。

(3)本栏目填报有外包装的进(出)货物的实际件数。

包装种类指进出口货物在运输过程中外表所呈现的状态,包括包装材料、包装方式等。一般情况下,应以装箱单或提运单据所反映的货物处于运输状态时最外层包装或称运输包装作为包装种类向海关申报,并计算相应件数。

包装种类栏目根据进出口货物的实际外包装种类进行填报,如木箱、件、袋、铁桶、散装等。

在装箱单或提运单等单据上,件数和包装种类一般表示为"NO OF PKGS",其后数字即表示应填报的包装的件数。

实训操作:

根据该实训任务中所给资料,由于大米属于散装货物,所以报关单上件数为"1",包装种类为"散装"。

【实训任务 2-1-31】

发票上显示:Quantity:25CTNSOnly。则件数和包装种类栏目应如何填报?

实训指南:

参考[实训任务 2-1-30]的实训指南。

实训操作:

根据所给资料,判断件数填报为"25",包装种类为"纸箱(CARTON)"。

【实训任务 2-1-32】

商业发票显示:GROSS WEIGHT:280KGS;TARS WEIGHT:20KGS,报关单的"毛重"和"净重"栏目如何填报?

实训指南:

毛重指商品重量加上商品的外包装物料的重量。

报关单上"毛重"栏填报进出口货物及包装材料的总重量,不得为空。毛重的单位为"千克",不足1千克的填报为"1"。

净重指货物的毛重扣除外包装材料后的重量,即商品本身的实际重量。"净重"栏目填报货物本身的重量,即货物毛重扣除外包装后的重量。净重的单位为千克,不得为空,不足1千克的填报为"1"。

在填制报关单时应以合同、发票、装箱单、提运单等有关单证中的"GROSS WEIGHT(GW)""NET WEIGHT(NW)"栏所显示的重量确定进出口货物的毛重或净重。

实训操作:

在该实训任务中,报关单上毛重栏目填报为"280",净重栏目填报为"260"。

【实训任务 2-1-33】

提单上 Marks and Container No. 一栏显示:2×40'Container No. :EASU9730250,TARE WGHT4250KG,根据提单上相关信息填报报关单集装箱号。

实训指南:

集装箱号是在每个集装箱体两侧标示的全球唯一的编号,通常前4位是字母,后跟一串数字。其组成规则是:箱主代号(3位字母)+设备识别号"U"+顺序号(6位数字)+校验码(1位数字)。例如,EASU9809490。

集装箱号填报格式为:集装箱号+"/"+规格+"/"+自重。非集装箱货物填报"0"。

如果纸制报关单填报涉及多个集装箱,第一个集装箱号填报在"集装箱号"栏中,其余的依次填报在"标记唛码及备注"栏中。

实训操作:

由该实训任务中提单上的信息可知,货物装入两个40英尺的集装箱,根据集装箱号填报要求,"集装箱号"栏目应填写为"EASU9730250/40/4250"。

【实训任务 2-1-34】

2015年8月1日,河南省裕达贸易有限责任公司向海关申报进口一批货物,采用的贸易方式为一般贸易,其申报时向海关提供的"入境货物通关单"编号为:13080200509035117(监管证件名称代码A),该公司在填写进口货物报关单时"随附单据"栏目应如何填报?

实训指南:

随附单据指随进(出)口货物报关单一并向海关递交的单证或文件,是商业、货运单证及"许可证号"栏填报的进出口许可证以外的监管证件。具体填报要求如下:

(1) 填报格式为:监管证件代码+":"+监管证件编号。

(2) 合同、发票、装箱单、提单、许可证等必备的随附单证不在本栏目填报。

(3) 只填报监管证件代码表中的除去"进口许可证""出口许可证"的监管证件代码及编号。监管证件名称代码表中代码为"1""4""x""y"的是许可证的代码,应填在许可证栏,不可填在此栏。

(4) 本栏目只填写一个监管证件的信息,多于一个监管证件的,其余的监管证件代码和编号填写在"标记唛码及备注"栏中。

(5) 原产地证书的填写比较特殊,不填写原产地证书的编号。

具体填报要求如下:①适用CEPA香港、澳门的原产地证书,已和我国海关联网,此栏目填报为"Y'+':'+(优惠贸易协定代码)"。如适用CEPA香港的原产地证书填报为"Y:(03)"。适用CEPA澳门的原产地证书填报为"Y:(04)"。而CEPA香港、澳门的原产地证书的编号要填写在"备案号栏"。②适用其他优惠贸易协定的原产地证书,由于这些国家都没有和我国的海关计算机系统联网,其填写不同于CEPA香港、澳门的原产地证书。具体的应填"Y'+':'+'(优惠贸易协定代码)"。③对于不适用优惠贸易协定的进口货物,其原产地证书不必填报。

实训操作:

根据随附单证填报要求,"随附单据"栏目应填报为"A:13080200509035117"。

【实训任务 2-1-35】

郑州裕达有限公司经海关批准,将原来进料加工的进口料件转为内销,进口货物报关单上的"用途"栏目如何填报?如果该企业从当地的河南中诚有限公司购买了一批货物用于出口,则其出口报关单的"生产厂家"栏目应如何填报?

实训指南:

进口货物应填报用途,须根据进口货物的实际用途按海关规定的"用途代码表"选择填报相应的用途名称或代码。

常见的用途有:外贸自营内销、企业自用、特区内销和其他内销等。具体用途代码见表2-5。

表2-5 用途代码表

代码	名　　称	代码	名　　称	代码	名　　称
01	外贸自营内销	05	加工返销	09	作价提供
02	特区内销	06	借用	10	货样、广告品
03	其他内销	07	收保证金	11	其他
04	企业自用	08	免费提供		

出口报关单在必要时要填报生产厂家(出口货物的中国境内生产企业的名称)。

实训操作:

进口货物报关单的"用途"栏目填报为"其他内销"。因为其他内销(03)是指进口、来料加工转内销货物及外商投资企业进口供加工内销产品的料件。出口报关单的"生产厂家"一栏应填报为"河南中诚有限公司"。

【实训任务2-1-36】

河南裕隆贸易有限公司代理河南飞达公司进口一批机器设备(供企业自用),河南飞达公司是一家中美合资企业,现在河南裕隆贸易有限责任公司要向海关申报进口,进口报关单的"标记唛吗及备注"栏目应如何填报?

实训指南:

本栏目用于填报标记唛码、备注说明和集装箱号等与进出口货物有关的文字或数字。

标记唛码要填报货物运输包装上的标记唛码中除图形以外的所有文字、数字(基本是原样照抄)。无标记唛码的免于填报。

备注栏主要填报需要补充或说明的事项,如关联备案号、关联报关单号等。常见的备注内容为:

(1)涉及经营单位填报需要备注说明的内容:受外商投资企业委托代理其在投资总额内进口投资设备、物品的外贸企业名称填写在本栏。应填写"委托××××××公司进口"。(××××××为代理的外贸企业名称)。

(2)关联备案号在此栏填写。关联备案号是指和本报关单申报的货物有关系和联系的其他的报关单上填写的备案号,按海关管理的要求要体现在本报关单上。包括:①加工贸易结转货物及凭征免税证明转内销货物,填写其对应的备案号;②减免税货物结转进口(转入),填写本次减免税货物结转所申请的"减免税进口货物结转联系函"的编号;减免税货物结转出口(转出),填写与其对应的进(转入)报关单"备案号"栏中征免税证明的编号。

(3)关联报关单号是指与本报关单有关联关系的,同时在业务管理规范方面又要求填报的报关单号。

(4)加工贸易货物需要注明的情况。

(5)进口货物办理直接退运手续,备注"准予直接退运决定书"或者"责令直接退运通知书"编号。

(6)其他申报时必须说明的事项。

实训操作：

根据报关单标价唛码及备注栏目的填报要求，实训任务中报关单的"标记唛码及备注"栏目应填报为"委托河南裕隆贸易有限公司进口"。

实训任务二　熟悉报关单表体各项目的填制规范

【实训任务 2-2-1】

河南裕达贸易有限责任公司进口一批料件，该企业经海关同意将原来料加工《加工贸易手册》中的第 1、第 3 项进口的面料，结转入本企业的另外一个来料加工贸易合同。该批转入面料为该合同的《加工贸易手册》中的第 2、第 4 项，继续加工出口。该企业于 2016 年 9 月 1 日采用 H2000 通关系统向海关申报结转进口。进口货物报关单上填报的商品，顺序对应《加工贸易手册》中的第 2、第 4 项，其进口货物报关单上的"项号"栏目应如何填报？

实训指南：

项号是指申报货物在报关单中的商品排列序号及该项商品在加工贸易手册、征免税证明等备案单证中的顺序号。

在货物申报时，海关要求名称不同、编码不同、原产国（地区）不同、最终目的国（地区）不同、征免方式不同的商品都应该分开填报，并按顺序排列，所排列的顺序号即为项号。并且如果是使用手册进出口的商品，还应该把该项商品排列在手册中的顺序号填写在项号的第二行。

一张报关单最多可以填写 5 项商品，每一项商品占据表体的一栏，则一张报关单最多可填 5 栏。这 5 栏按顺序编号，每一栏对应一个顺序号。每一栏又可分上下两行进行填报，第一行打印报关单中的商品排列序号。第二行专用于加工贸易和实行原产地证书联网管理等已备案的货物，填报和打印该项货物在《加工贸易手册》中的项号和对应的"原产地证书"上的商品项号。没有备案文件的，下面一行免填。

实训操作：

报关单上项号栏目分两行填报。第一行填报报关单中的商品排列序号；第二行填报加工贸易等已备案的货物在《加工贸易手册》中所对应的项号。因此，根据实训任务所给资料，进口报关单项号应填报为：

"第一栏　01
　　　　02
　第二栏　03
　　　　04"。

【实训任务 2-2-2】

国内某公司从国外进口一批 20 公吨未梳的棉花，报关单上的"商品编号"栏目应如何填报？

实训指南：

商品编号栏目填报《中华人民共和国海关进出口税则》8 位税则号列，有附加编号的，还应填报商品编号附加的第 9、第 10 位附加编号。具体填报要求如下：

(1) 加工贸易货物,报关单商品编号应与《加工贸易手册》(账册)中备案的商品编号一致。
(2) 减免税货物,报关单商品编号应与征免税证明备案数据一致。
(3) 加工贸易保税货物跨关区深加工结转的结转双方的商品编号的前4位必须一致。

实训操作:

根据商品归类规则,查阅相关类、章标题,未梳的棉花的商品编号应为52010000.01。因此,报关单上的"商品编号"栏目应填报为"52010000.01"。

【实训任务 2-2-3】

国内某公司向国外出口镀锌钢板,规格是1 700毫米*980毫米*3毫米,其出口报关单的"商品名称、规格型号"栏目应如何填报?

实训指南:

商品名称是指所申报的进出口商品的规范的中文名称。规格型号是指反映商品性能、品质和规格的一系列指标,如品牌、等级、成分、含量、纯度、大小等。商品名称和规格型号要规范准确详尽,这样才能够保证归类准确、统计清晰,便于监管。具体填报要求如下:

(1) 本栏目分两行填报。第一行填报进(出)口货物规范的中文商品名称,必要时可加注原文。第二行填报规格型号(一般都使用发票、提单或装箱单中规格型号的原文)。

(2) 规格型号应足够详细,并与所提供的商业发票相符。本栏目填报内容包括:品名、牌名、规格、型号、成分、含量、等级等。一般是将发票中涉及上述内容的原文照抄填报在本栏目的第二行。

(3) 商品名称应当规范,规格型号应当足够详细,以能满足海关归类、审价及许可证件管理要求为准。

(4) 同一商品编号、多种规格型号的商品,可归并为一项商品的,按照归并后的商品名称和规格型号填报。

(5) 加工贸易等已备案的货物,本栏目填报录入的内容必须与备案登记中同项号下货物的名称与规格型号一致。

实训操作:

根据填报要求,实训任务中"商品名称、规格型号"栏目应填报为:"镀锌钢板(第一行,规范的中文名称)700毫米*980毫米*3毫米(第二行,规格型号)"。

【实训任务 2-2-4】

国内某公司出口小麦5 000千克,总金额为10 000美元,其出口报关单的"数量及单位"栏目应如何填报?

实训指南:

数量及单位是指进出口商品的实际数量及计量单位。计量单位分为成交计量单位和海关法定计量单位。海关法定计量单位又分为海关法定第一计量单位和海关法定第二计量单位,以《海关统计商品目录》中的规定为准。具体填报要求如下:

本栏目分三行填报及打印。

(1) 进出口货物必须按海关法定计量单位填报,法定第一计量单位及数量填报在本栏目第一行。

(2) 凡海关列明第二计量单位的,必须报明该商品第二计量单位及数量,填报在本栏目第二行。无第二计量单位的,本栏目第二行为空。

(3) 以成交计量单位申报的,须填报与海关法定计量单位转化后的数量,同时须将成交计量单位及数量应当填报在第三行。如成交计量单位与海关法定计量单位一致时,本栏目留空。

(4) 法定计量单位为"千克"的商品填报要求如下:①以毛重作为净重计价的货物,可按毛重填报。②按照商业惯例以公量重计价的商品,应按公量重填报。③采用零售包装的酒类、饮料,按照液体部分的重量填报。④使用不可分割包装材料和包装容器的货物,应按货物的净重填报(即包括内层直接包装的净重重量)。⑤装入可重复使用的包装容器的货物,按货物的净重填报。

(5) 法定计量单位为立方米的气体货物,应折算成标准状况(即摄氏零度及1个标准大气压)下的体积进行填报。

如:

全棉男式 T 恤 15 000 件(第一行,法定第一计量单位及数量)

100PC Cotton T-SHIRTS 982 千克(第二行,法定第二计量单位及数量)

1 500 打(第三行,成交计量单位及数量)

实训操作:

在上述[实训任务 2-2-4]中,货物的成交单位和法定计量单位一致,所以报关单的"数量及单位"栏目填报为"5 000 千克"。

【实训任务 2-2-5】

在英国将棉花纺成纱线后运往美国织成棉织物,并进行冲洗、烫染,之后在日本制成女式连衣裙,后该批货物在香港重新更换包装后销到我国,进口报关单"原物原产地"栏目应如何填报?

实训指南:

原产国(地区)是指进口货物的生产、开采或加工制造国家(地区)。对于经过几个国家或地区加工制造的进口货物,将对货物进行加工并产生实质性改变的国家或地区作为该货物的原产国(地区)。

"原产国(地区)"栏目的具体填报要求如下:

(1) 同一批货物原产地不同的,应分别申报原产国(地区)。

(2) 进口货物原产国(地区)无法确定的填报"国别不详"或"701"。

最终目的国(地区)是指已知的出口货物的最终实际消费、使用或进一步加工制造国家(地区)。本栏目应按海关规定的"国别(地区)代码表"选择填报相应的国家(地区)名称或代码。

"最终目的国(地区)"栏目的填报要求如下:

(1) 同一批出口货物的最终目的国(地区)不同的,应分别填报最终目的国(地区)。

(2) 不经过第三国(地区)转运的直接运输货物,以运抵国(地区)为最终目的国(地区);经过第三国(地区)转运的货物,以最后运往国(地区)为最终目的国(地区)。

(3) 出口货物不能确定最终目的国(地区)的,以尽可能预知的最后运往国(地区)为最终目的国(地区)。

实训操作:

该实训任务中,"原产国"栏目应填报为"日本"。因为在日本制成成衣在税则归类方面发生了变化,应以日本作为女式连衣裙的原产国。

【实训任务 2-2-6】

河南育新进出口公司向日本[国别(地区)代码:116]某公司出口陶瓷制品一批。该公司又将本批货物直接卖给马来西亚的(国别代码:122)一家公司。其出口货物报关单上的"最终目的国(地区)"栏目应如何填报？

实训指南:
参考[实训任务 2-2-5]的实训指南。

实训操作:
卖方已经知道了其最终消费使用的为马来西亚的公司,而不是日本某公司。因此,"最终目的国(地区)"栏目应填报为"马来西亚"或"122"。

【实训任务 2-2-7】

河南省一家进出口贸易公司于 2016 年 8 月 15 日向海关申报,一般贸易海运出口 1 000 件男式衬衫。报关时向海关提供的商业发票显示"货物品名:男式衬衫,货物规格:MTS670,货物单价:50 美元/件,货物总价:CIF 纽约 50 000 美元"。其进口货物报关单上的"单价""总价"和"币制"栏目应如何填报？

实训指南:
单价指进出口货物实际成交的商品单位价格的金额部分。
总价是指进出口货物实际成交的商品总价的金额部分。
币制是指进出口货物实际成交价格的计价货币的名称。
"单价"栏目应填报同一项号下进出口货物实际成交的商品单位价格。如原始单据显示单价条款为:USD100.50 PER CARTON CIF HONGKONG,则本栏填报为"100.50"。无实际成交价格的,填报单位货值。
"总价"栏目应填报同一项号下进出口货物实际成交的商品总价。如原始单据显示"TOTAL AMOUNT:USD5 320.85",则本栏填报为"5 320.85"。无实际成交价格的,填报货值。
币制栏目应根据实际成交情况按海关规定的"货币代码表"选择填报相应的货币名称或代码。如货币代码表中无实际成交币种,需将实际成交币种按照申报日外汇折算率折算成"货币代码表"列明的货物填报。

实训操作:
根据报关单的填制要求,在上述任务中,"单价"栏目应填报为"50";"总价"栏目填报为"50 000";"币制"栏目填报为"美元"或"502"。

【实训任务 2-2-8】

小亮是河南一家外贸公司的外贸业务员,现在该公司以一般贸易方式进口货物一批,小亮应如何填报进口报关单上"征免"栏目呢？

实训指南:
征免是指海关依据相关法律法规对进出口货物进行征税、减税、免税或特案处理的实际操作方式。同一份报关单可以填报不同的征免方式。常见的征免方式为以下几种。
(1)照章征税。照章征税是指对进出口货物依照法定税率计征各类税、费。

(2) 折半征税。折半征税是指对进出口货物依照法定税率折半计征关税和增值税,但照章征收消费税。

(3) 全免。全免是指对进出口货物免征关税和增值税,但消费税是否免征应按有关批文的规定办理。

(4) 特案减免。特案减免是指依照主管海关签发的征免税证明或海关总署通知规定的税率或完税价格计征各类税、费。

(5) 保证金。保证金是指经海关批准具保放行的货物,由担保人向海关缴纳现金的一种担保形式。

(6) 保函。保函是指担保人依据海关的要求,向海关提交的订有明确权利义务的一种担保形式。

(7) 随征免性质。随征免性质是指对某些特定监管方式下进出口的货物按照征免性质规定的特殊计税公式或税率计征税、费。

具体填报要求如下:

(1) 对报关单所列商品选择填报海关规定的"征减免税方式代码表"(见表2-6)中相应的征减免税方式的名称。

(2) 加工贸易报关单应根据登记手册中备案的征免规定填报。加工贸易手册中备案的征免规定为"保金"或"保函"的,不能按备案的征免规定填报,而应填报为"全免"。

表2-6 征减免税方式代码表

代码	名称	代码	名称
1	照章征税	5	随征免性质
2	折半征税	6	保证金
3	全免	7	保函
4	特案		

实训操作:

因为该公司进口的货物属于依照法定税率计征税费的货物,因此,进口报关单"征免"一栏应填报为"照章征税"。

实训考核标准

项目	分值
报关单表头栏目填制	70
报关单标题栏目填制	30
合计	100

项目小结

报关单的填制工作非常繁琐,且容易出错,对学生的能力要求较高。要完成快速制单并不难,关键在于掌握进出口货物报关单各栏目的填制规范,以及报关单的栏目与其他申报单证的对应关系。为了让学生掌握报关单的填制技能,能够熟练填制进出口报关单据,本项目在对进出口报关单表体及表头各栏目的填制规范进行讲解的时候,首先针对每个栏目布置具体实训任务,其次以实训指南的形式说明如何填制报关单的具体栏目,最后以实训操作的方式完成实训任务的要求。通过这样三个步骤使学生能够对相关理论知识融会贯通,不仅掌握一般进出口货物报关单各栏目的填制,而且熟悉了其他类型货物报关单的填制规范,能按照《规范》的要求,完整、准确、有效地填制进出口货物报关单。

实训项目三 一般进出口货物的报关程序

实训目标

1. 了解一般进出口货物的概念及范围
2. 熟悉一般进出口货物的报关程序
3. 掌握一般进出口货物报关单的填制技巧

实训要求

学生通过实训,应能够熟悉一般进出口货物报关的基本程序,了解海关对进出口货物申报、查验的要求及对放行的规定,掌握一般进出口货物报关单的填制规范,能针对不同的业务背景熟练、准确地缮制报关单据。

实训设计

为了让学生熟悉一般进出口货物的报关流程,本项目按照一般进出口货物的申报、查验、征税和放行四个环节设计实训任务,通过逐个完成实训任务达到实训目的。

【业务操作背景】

据河南省统计局公布的统计数据显示,2015年,河南省进出口总额为4 600.19亿元,占全国进出口总值的1.87%,一般贸易进出口额为1 210.5亿元,占河南省进出口总额的26.3%。赵丽是某报关公司的一名实习人员,其主要任务是负责一般进出口货物的报关。由于刚接触报关工作,赵丽有些问题需要弄清楚。

【问题导入1】 一般进出口货物的范围是什么?

答:一般进出口货物是一般出口货物和一般进口货物的合称,是指在货物进出境环节缴纳应征的进出口税费,并办结相关海关手续,海关放行后不再进行监管的进出口货物。

一般进出口货物的范围包括:①一般贸易进口货物;②一般贸易出口货物;③转为实际进口的保税货物、暂准进境货物,转为实际出口的暂准出境货物;④易货贸易、补偿贸易进出口货物;⑤不批准保税的寄售代销贸易货物;⑥承包工程项目实际进出口货物;⑦外国驻华商业机构进出口陈列用的样品;⑧外国旅游者小批量订货出口的商品;⑨随展览品进境的小卖品;⑩免费提供的进口货物,如:外商在经济贸易活动中赠送的进口货物;外商在经济贸易活动中免费提供的试车材料等;我国在境外的企业、机构向国内单位赠送的进口货物。

【问题导入2】 一般进出口货物有什么特征?

答:一般进出口货物具有三个特征。

(1) 在进出境时缴纳进出口税费。一般进出口货物的收发货人应当按照《海关法》或其他有关法律、法规的规定在货物进出境时向海关缴纳应当缴纳的税费。

(2) 进出口时提交相关的许可证。货物进出口受国家法律、行政法规管制的,进出口货物收发货人或其代理人要提交许可证。

(3) 海关放行即办理结关手续。海关征收了全额的税费,审核了相关的进出口许可证件,并对货物进行实际查验以后,按规定签章放行。这时,进出口货物收发货人或其代理人才能办理提取进口货物或者装运出口货物的手续。

对一般进出口货物来说,海关放行就意味着海关手续已经全部办完,海关不再监管,货物可以直接进入生产或消费领域流通。

【问题导入3】 一般进出口货物和一般贸易货物是一样的吗?

答:一般进出口货物不完全等同于一般贸易货物。它们的区别如下:

(1) 一般进出口货物是按照海关监管方式划分的进出口货物,是海关的一种监管制度的体现,是相对于保税货物、暂准进出口货物、特定减免税货物而言的。因为这些货物都需要经过前期和后续的监管阶段。

(2) 一般贸易是国际贸易中的一种交易方式。在我国的对外贸易中,一般贸易是指中国境内有进出口经营权的企业单边进口或者单边出口的贸易,按一般贸易交易方式进出口的货物为一般贸易货物。

一般贸易方式进口的货物可以是一般进出口货物,也可以是保税货物或特定减免税货物等。

一般进出口货物可以是以一般贸易方式进口,也可以是以别的贸易方式进口。

【问题导入4】 一般进出口货物报关的流程是什么?

答:一般进出口货物报关不需要经过前期阶段,也不需要经过后期阶段,只需要经过进出境阶段,其报关流程包括四个环节:进出口申报、配合查验、缴纳税费、提取或装运货物。

实训任务一　一般进出口货物的申报

【实训任务 3-1-1】

小张是报关公司的一名报关员,最近,他所在的公司与纽约的一个客户谈成了一笔金额为 25 万美元的进口运动鞋的合同,经理让小张负责这批货物的报关工作,运输该货物的船舶于 2016 年 6 月 5 日申报进境,小张应如何做好该批货物的申报工作?

实训指南:

申报是指进出口货物收发货人、受委托的报关企业按照《海关法》及有关法律、行政法规的要求,在规定的期限、地点采用电子数据报关单和纸质报关单形式向海关报告实际进出口货物的情况,并接受海关审核的行为。

1. 申报地点
(1) 进口货物应当在进境地海关申报。
(2) 出口货物应当在出境地海关申报。
(3) 经收发货人申请,海关同意,进口可以在指运地海关申报;出口货物可以在启运地海关申报。
(4) 保税、特定减免税货物、暂准进境货物,要改变使用目的从而改变货物的性质为一般进口货物的时候,在货物所有人的主管海关所在地。

2. 申报期限
(1) 进口货物:运输工具申报进境之日起 14 日。
(2) 出口货物:货物运抵海关监管区后、装货的 24 小时以前。
(3) 经电缆、管道或其他特殊方式进出境的货物,按海关规定定期申报。

3. 申报日期
申报日期是指海关接受申报数据的日期。不论以电子数据报关单方式申报,还是以纸质报关单方式申报,海关接受申报数据的日期即为申报日期。具体分为以下几种情况:
(1) 先电子数据报关,后提交纸质报关单或仅以电子数据报关单方式申报的,海关计算机系统接受申报数据时的日期即为申报日期。
(2) 先纸质报关单,后补报电子数据或只提供纸质报关单申报的,以海关工作人员在报关单上作登记处理的日期为申报日期。

4. 修改申报内容或撤销申报
确有正当理由,经海关批准,可以修改或撤销,具体包括以下几种情况:
(1) 报关人员操作或书写失误造成申报差错,但未发现有走私违规或者其他违法嫌疑的。
(2) 出口货物放行后,由于装配、装运等原因造成原申报货物全部或部分退关的。
(3) 进出口货物在装载、运输、存储过程中因溢短装、不可抗力的灭失、短损等原因造成原申报数据与实际货物不符的。
(4) 根据国际惯例先行采用暂时价格成交、实际结算时按商检品质认定或国际市场实际价格付款方式需要修改原申报单据的。
(5) 由于计算机、网络系统等方面的原因导致电子数据申报错误的。

(6) 其他特殊情况经海关核准同意的。

《中华人民共和国海关进出口货物申报管理规定》(海关总署令〔2014〕第 103 号),将第十条第二款的"海关已接受申报的报关单电子数据,经人工审核后,需要对部分内容修改的,进出口货物收发货人、受委托的报关企业应当按照海关规定进行修改并重新发送,申报日期仍为海关原接受申报的日期。"修改为"海关已接受申报的报关单电子数据,人工审核确认需要退回修改的,进出口货物收发货人、受委托的报关企业应当在 10 日内完成修改并重新发送报关单电子数据,申报日期仍为海关接受原报关单电子数据的日期;超过 10 日的,原报关单无效,进出口货物收发货人、受委托的报关企业应当另行向海关申报,申报日期为海关再次接受申报的日期。"

5. 申报步骤

(1) 准备申报单证。申报单证包括基本单证和随附单证。基本单证是指报关单,随附单证包括合同、发票、装箱清单、载货清单(舱单)、提(运)单、代理报关授权委托协议、进出口许可证件、海关要求的加工贸易手册及其他进出口有关单证。

(2) 申报前看货取样。通过看货取样可以确定货物的品名、规格、型号和归类等。

(3) 申报。先进行电子数据申报,再提交纸质报关单和随附单证(接到海关"现场交单""放行交单"通知之日起 10 日内)。

实训操作:

在该任务中,首先,小张应确定该批进口货物的最晚申报期限,进口货物的申报期限是运载进口货物的运输工具申报进境之日起 14 日内;因此,小张最晚应在 2016 年 6 月 19 日向海关申报。其次,准备货物申报所需提交的单据。主要是报关单、商业发票、装箱单、提单等单据。最后,按时在进境地海关进行申报。

【实训任务 3-1-2】

郑州裕达有限责任公司从国外进口一批机器零配件,成交价格为每件 50 美元 CIF 天津新港,总金额为 15 000 美元。载货船舶于 2016 年 4 月 8 日向海关申报进境,4 月 29 日该公司向海关申报进口,中国人民银行公布的基准汇率为:1 美元=6.210 5 元人民币。计算在这种情况下海关应征收的滞报金额。

实训指南:

进口货物收货人未按规定期限向海关申报货物进境产生滞报的,海关会按规定征收滞报金。进口货物滞报金的征收从运输工具申报进境之日起第 15 日作为起始日,以海关接受申报之日为截止日。具体又分为以下三种情况:

(1) 进口货物收货人向海关传送报关单电子数据申报后,未在规定期限或者核准期限内递交纸质报关单及随附单证,海关予以撤销报关单电子数据处理。进口货物收货人重新向海关申报,产生滞报的,滞报金的征收以运输工具申报进境之日起第 15 日作为起始日,以海关接受申报之日为截止日,起征日和截止日均计入滞报期间,另有规定的除外。

(2) 进口货物收货人申报后依法撤销原报关单电子数据重新申报的,以撤销原报关单之日起第 15 日为起征日。

(3) 如果进口货物收货人在运输工具申报进境之日起超过 3 个月仍未向海关申报,海关可对货物变卖处理。在此种情况下,滞报金的征收以运输工具申报进境之日起第 15 日作为起始日,以 3 个月期限的最后 1 日作为截止日。

关于滞报金计征的起始日,2014 年,海关总署对《中华人民共和国海关征收进口货物滞报金办法》(海关总署令第 128 号)作如下修改:滞报金起征日遇有休息日或者法定节假日的,顺延至休息日或者法定节假日之后的第 1 个工作日。国务院临时调整休息日与工作日的,海关应当按照调整后的情况确定滞报金的起征日。

滞报金的日征收金额为进口货物完税价格的 0.5‰,以人民币"元"为计征单位,不足人民币 1 元的部分免予计收。滞报金的起征点为 50 元人民币。

滞报金的计算公式如下:

$$滞报金 = 进口货物完税价格 \times 0.5‰ \times 滞报天数$$

实训操作:

第一步,先确定滞报天数:5 天。因为申报期限截止的最后一天是 2016 年 4 月 8 日(周五),4 月 9 日和 4 月 10 日是休息日,起征日顺延到 4 月 11 日,而实际滞报日期为 4 月 29 日,因此滞报天数为 5 天。

第二步,确定进口货物完税价格,并折算为人民币。

$$进口完税价格 = 15\,000 \times 6.210\,5 = 93\,157.5(元)$$

第三步,计算滞报金。

$$滞报金 = 93\,157.5 \times 0.5‰ \times 5 = 232.89(元)$$

滞报金以"元"为计征单位,不足人民币 1 元的部分免予计征,因此,海关应征收的滞报金为 232 元。

【实训任务 3-1-3】

郑州某外贸公司进口一批童装,价格为每件 20 美元 CIF 上海,总金额为 2 000 美元。载货船舶于 2016 年 3 月 7 日(周一)申报进境,3 月 21 日,该公司向海关申报,银行外汇牌价为 1 美元 = 6.05 元人民币。海关应征收多少滞报金?

实训指南:

参考[实训任务 3-1-2]的实训指南。

实训操作:

第一步,确定滞报天数为 1 天。载货船舶 2016 年 3 月 7 日申报进境,最晚应该在 3 月 20 日前申报,但该公司于 3 月 21 日申报,因此,滞报天数为 1 天。

第二步,确定进口货物人民币完税价格(CIF 价格)。

$$进口货物人民币完税价格 = 2\,000 \times 6.05 = 12\,100(元)$$

第三步,计算滞报金额。

$$滞报金 = 12\,100 \times 0.5‰ \times 1 = 6.05(元)$$

由于滞报金额小于 50 元,因此海关对该公司的此次进口不征收滞报金。

【实训任务 3-1-4】

国内某公司从国外进口一批货物,装载货物的运输工具于 2016 年 8 月 5 日(周五)申报进境,该公司于 8 月 24 日向海关申报进口,海关于当天接受申报,已知该批货物的完税价格为人民币 95 000 元,则该公司应缴纳滞报金金额为多少?

实训指南：

参考[实训任务 3-1-2]的实训指南。

实训操作：

第一步，确定滞报天数为 3 天。因为运输工具申报之日是 8 月 5 日，申报截止日为 8 月 19 日（周五）。8 月 20 日为滞报金起始日（周六）。修改后的《中华人民共和国海关征收进口货物滞报金办法》规定：滞报金起征日遇有休息日或者法定节假日的，顺延至休息日或者法定节假日之后的第一个工作日。因此，滞报金的起始日顺延至 8 月 22 日，滞报的起始日和截止日都计入滞报期间。因此，滞报天数为 3 天。

第二步，计算滞报金额。

$$滞报金 = 进口货物完税价格 \times 0.5‰ \times 3 = 95\,000 \times 0.5‰ \times 3 = 142.5(元)$$

滞报金以"元"为计征单位，不足 1 元的部分免予计征，因此该公司应缴纳滞报金额为 142 元。

实训任务二　一般进出口货物查验

【实训任务 3-2-1】

天津鸿运进出口公司以 CFR 天津 USD 1 000/公吨的成交价格从日本进口一批化工原料 500 公吨，该批货物于 2016 年 4 月 1 日载运进口，天津鸿运进出口公司委托天津雨泽报关公司进行报关。海关要求对货物进行查验。在查验时，报关员应做好哪些配合工作？

实训指南：

1. 在货物进出境之前，海关通常会对货物进行查验。

查验的目的：

(1) 验证进出口货物收发货人向海关申报的内容是否与货物真实情况一致。

(2) 通过查验可以明确商品的归类、原产地、价格等，便于依法实施对进出口货物进行核查的执法行为。

(3) 为海关征税、统计、后续管理提供可靠资料。

查验的地点：一般在海关监管区域内；特殊情况下经进出口货物的收发货人或其代理人书面申请，海关可以派关员在海关监管区外实施查验。

查验时间：一般在海关正常工作时间内进行。

查验方法：彻底查验、抽查和外形查验。

2. 配合查验。

海关进行查验时，报关员应做好配合查验的工作。①按海关要求搬移货物、开拆包装、重新封装货物；②如实回答查验人员提问，提供必要资料；③协助海关提取需要作进一步检验、化验或鉴定的货样，收取海关出具的取样清单；④确认查验结果，并在"海关进出境货物查验记录单"上签字。

3. 报关员应注意的事项。

(1) 报关员在向海关申报前，应对即将申报的进出口货物有一定的了解，对各种单证进行初步的审查,有不清楚或不符合规定的地方应及时向被委托人了解或指出。

(2) 对要求海关派员到监管区域以外办理海关手续的,要事先向海关办理申请手续。

(3) 对海关在查验进出口货物造成损坏的,报关员应向负责查验的海关提出赔偿的要求,并办理有关手续。

实训操作:

报关员应做好配合查验的工作:①按海关要求搬移货物,开拆包装、重新封装货物;②如实回答查验人员提问,提供必要资料;③协助海关提取需要作进一步检验、化验或鉴定的货样,收取海关出具的取样清单;④确认查验结果,并在"海关进出境货物查验记录单"上签字。

【实训任务 3-2-2】

郑州某公司委托报关行对其公司出口的化工产品进行报关,海关对货物进行查验后,该公司准备办理相关手续,此时海关通知要对货物进行复验,但如果海关进行复验会导致货物耽误船期。根据以上资料背景分析海关是否有权对货物进行复验?

实训指南:

根据《中华人民共和国海关进出口货物查验管理办法》,有下列情形之一的,海关有权对货物进行复验。

(1) 经初次查验未能查明货物的真实属性,需要对已查验货物的某些性状作进一步确认的。

(2) 货物涉嫌走私违规,需要重新查验的。

(3) 进出口货物收发货人对海关查验结论有异议,提出复验要求并经海关同意的。

(4) 其他海关认为必要的情形。

但需要注意的是:已经参加过查验的人员不得参加对同一票货物的复验。

实训操作:

在该任务中只要属于上述 4 种海关可以复验的情形之一的,海关可以进行复验。如果海关通知该公司相关人员到查验现场但其届时未到场的,海关可以自行开拆货物进行查验,也叫径行开验。

【实训任务 3-2-3】

上海某企业向当地海关申报进口一批电脑零配件,在货物运抵海关监管区内的仓库后。海关接到该公司瞒报货物的情报,因此,在没有通知该企业的情况下,海关人员由仓库人员陪同对这批货物进行了查验,发现该批货物是名贵手表。海关要对该企业进行处罚,企业以海关查验时报关员不在场为由,拒绝承认查验结果。根据以上资料分析企业是否应该接受海关处罚?

实训指南:

海关在收发货人或其代理人不在场的情况下,有权径行开验。但在海关径行开验时,必须有见证人在场(仓库管理人员等),并在查验记录上签名确认。

海关径行开验的条件:

(1) 进出口货物有违法嫌疑。

(2) 经海关通知查验,进出口货物的收发货人或其代理人届时未到场。

实训操作:

在上述任务中,属于径行开验的条件之一,即进出口货物有违法嫌疑,因此,企业应该承认海关查验结果,接受海关处罚。

【实训任务 3-2-4】

海关人员在监管区域内对河南兴盛贸易有限公司出口的货物进行查验后交给发货人,当时发货人并未提出任何异议,事后发现货物出现了损坏,后来经过证实是海关查验时损坏的。分析此时还能否向海关进行索赔?

实训指南:

在查验过程中,如果货物由于查验人员的责任造成损毁,海关人员应如实填写《中华人民共和国海关查验货物、物品损坏报告书》,一式两份,由查验人员和当事人双方签字,一份交当事人,一份留海关存查。另外,海关依法径行开验、复验或者提取货样时,应会同有关货物、物品保管人员共同进行。如造成货物、物品损坏,查验人员应请在场的保管人员作为见证人在《中华人民共和国海关查验货物、物品损坏报告书》上签字,并及时通知货主。进出口货物收发货人或其代理人可以向海关要求赔偿。但如果在海关查验时,其没有对货物是否受损提出异议,事后发现货物损坏的,海关不负责赔偿。

另外,对于以下几种情况海关也不负责赔偿:
(1) 进出口货物收、发货人或其代理人在查验过程中造成的货物损坏。
(2) 易腐、易失效货物在海关正常工作所需时间内发生的变质或失效。
(3) 正常磨损。
(4) 海关查验前后发生的货物损坏。
(5) 不可抗力造成的货物损坏。

实训操作:

在该任务中,由于河南兴盛贸易有限公司在海关查验时未对货物损坏提出异议,因此,海关不负责赔偿。

实训任务三　一般进出口货物税费缴纳

【实训任务 3-3-1】

上海裕达贸易有限公司从日本购进丰田轿车 150 辆,成交价格为 CIF 上海 185 000.00 美元,已知该批汽车的气缸容量为 2 000 毫升,银行外汇牌价为 1 美元=6.051 0 人民币,计算海关对该批汽车应征的进口关税额。

实训指南:

对于价值昂贵的进口商品适用从价关税,进口货物完税价格为 CIF,当进口货物不以 CIF 价格成交时,需要转化为 CIF 价格。具体计算步骤如下:

第一步,按照归类原则确定税则归类,将应税货物归入适当税则号。
第二步,按照原产地规则和税率适用规定,确定应税货物所适用的税率。
第三步,根据审定完税价格办法的有关规定,确定应税货物的 CIF 价格。
第四步,根据汇率适用规定,将以外币计价的 CIF 价格折算成人民币价格。
第五步,根据计算公式计算应征税额。

实训操作:

该实训任务计算步骤如下:

第一步,按照归类原则确定商品的税则归类,将应税货物归入适当的税号。确定气缸容量为 2 000 毫升的小轿车应归入税号"8703.2341"。

第二步,根据原产地规则和税率适用规定,确定应税货物所适用的税率。确定原产于日本的小轿车适用最惠国税率,为 25%。

第三步,根据审定完税价格办法的有关规定,确定应税货物的 CIF 价格,为 185 000 美元。

第四步,根据汇率适用规定,将以外币计价的 CIF 价格折算成人民币。

$$人民币完税价格 = 185\,000 \times 6.051\,0 = 1\,119\,435(元)$$

第五步,按照计算公式正确计算应征税款。

$$应征进口关税税额 = 完税价格 \times 关税税率 = 1\,119\,435 \times 25\%$$
$$= 279\,858.75(元)$$

海关在对进出口货物收发货人或其代理人递交的报关单证进行审核,并查验货物无误后,会核对计算机计算的税费,开具税款缴款书和收费票据,进出口货物收发货人或其代理人凭海关签发的缴税通知书和收费单据在限定的时间内(收到缴款书后 15 日内)向指定银行缴纳税费,或在网上进行电子支付。

【实训任务 3-3-2】

郑州某企业从阿根廷进口合金生铁 1 000 公吨,成交价格为 FOB 布兰卡 15 000 美元,已知运费为 350 美元,保险费为 200 美元,已知银行外汇牌价为 1 美元=6.051 0 元人民币,根据以上资料计算应征关税额。

实训指南:

参考[实训任务 3-3-1]的实训指南。

实训操作:

该实训任务计算步骤如下:

第一步,确定合金生铁的税则号为"7201.5000"。

第二步,原产于阿根廷的合金生铁适用最惠国税率为 1%。

第三步,确定货物 CIF 价格。

$$货物 CIF 价格 = FOB + 运费 + 保险费 = 15\,000 + 350 + 200 = 15\,550(美元)$$

第四步,计算货物完税价格。

$$合金生铁的人民币完税价格 = 15\,550 \times 6.051\,0 = 94\,093.05(元)$$

第五步,计算进口关税税额。

$$应征进口关税税额 = 完税价格 \times 关税税率 = 94\,093.05 \times 1\% = 940.93(元)$$

【实训任务 3-3-3】

河南昌盛进出口公司从美国购进整冻鸡 100 公吨,成交价格为 CIF 新港 3 500 美元/公吨,已知外汇牌价为 1 美元=6.051 0 元人民币,计算应征进口关税额。

实训指南：

目前，我国对石油原油、啤酒、胶卷和冻鸡等进口商品征收从量关税。具体计算步骤如下：

第一步，按照归类原则确定应税货物应归入的税号。

第二步，根据原产地规则和税率适用规定，确定应税货物所适用的税率。

第三步，确定进口数量。

第四步，根据汇率适用规定，将外币折算成人民币。

第五步，按照计算公式计算应征税额。

实训操作：

该实训任务计算步骤如下：

第一步，确定冻鸡应归入的税号。整冻鸡归入税则号"0207.1200"。

第二步，确定冻鸡适用的税率。冻鸡适用从量关税，美国产的整冻鸡最惠国税率为1.3元/千克。

第三步，确定冻鸡进口数量。冻鸡为100公吨，100公吨＝100 000千克。

第四步，计算冻鸡应征税额。

$$应征关税额 = 货物数量 \times 单位税额 = 100\,000 \times 1.3 = 130\,000(元)$$

【实训任务 3-3-4】

2016年3月，河南某外贸公司从日本购进100台非特种用途的广播级电视摄像机，其中60台成交价格为CIF上海3 500美元/台，其余40台为CIF上海5 500美元/台，已知汇率为1美元＝6.051 0元人民币。计算该外贸公司应纳进口关税额。

实训指南：

目前，我国对录像机、放像机、摄像机、非家用摄录一体机、部分数字照相机等进口商品征收复合关税。计算步骤如下：

第一步，确定应税货物税则号。

第二步，确定应税货物应适用的税率。

第三步，确定应税货物的CIF价格。

第四步，根据外汇牌价将外币折算成人民币。

第五步，计算应征税额。

$$应征复合税额 = 进口货物数量 \times 单位税额 + 进口货物完税价格 \times 进口从价税税率$$

实训操作：

该实训任务计算步骤如下：

第一步，确定非特种用途的广播级电视摄像机税则号。该批商品的税则号为"8525.8012"。

第二步，确定该批货物适用的税率。原产地为日本的商品适用最惠国税率：非特种用途的广播级电视摄像机，完税价格小于等于5 000美元/台，采用单一从价税，税率为15%。完税价格大于5 000美元/台，从量税12 960元加从价税3%。

第三步，确定货物完税价格。审定的完税价格分别为210 000美元（60台×3 500美元）和220 000美元（40台×5 500美元）。

第四步，人民币完税价格分别为1 270 710元和1 331 220元。

第五步,计算应征税额。

60 台单一从价进口关税税额 = 完税价格×关税税率 = 1 270 710×0.15 = 190 606.5(元)
40 台复合进口关税税额 = 货物进口数量×单位税额 + 完税价格×关税税率 = 40×12 960 + 1 331 220×3%
　　　　　　　　　　 = 518 400 + 39 936.6 = 558 336.6(元)
100 台合计进口关税税额 = 从价进口关税税额 + 复合进口关税税额 = 190 606.5 + 558 336.6
　　　　　　　　　　　 = 748 943.1(元)

【实训任务 3-3-5】

我国某公司从巴西进口配额外未梳棉花(已取得"关税配额外优惠关税率进口棉花配额证") 500 公吨,成交价格为 CIF 天津 1 000 美元/公吨,已知适用的汇率为 1 美元 = 6.051 0 元人民币, 计算应征进口税额。

实训指南:

目前,我国对关税配额外进口一定数量的棉花征收滑准税。计算步骤如下:
第一步,确定应税货物税则号。
第二步,确定货物完税价格,并折算成人民币价格。
第三步,确定货物所适用的税率种类。
第四步,按照关税税率计算公式确定暂定关税税率。
确定滑准税暂定税率的具体方式如下:
(1) 当进口棉花完税价格低于 14.000 元/千克时,暂定关税税率按下述公式计算:

$$R_i = 8.87/P_i + 2.908\% \times P_i - 1$$

其中 R_i 为暂定关税税率,对上述计算结果小数点后第四位四舍五入保留前 3 位小数,R_i 小于等于 40%,如果 R_i 高于 40% 时,则取 40%;P 为关税完税价格,单位为元/千克。

(2) 如果进口棉花完税价格高于或等于 14.000 元/千克时,暂定从量税率为 0.570 元/千克。

第五步,按照计算公式计算应征关税额。

实训操作:

该实训任务计算步骤如下:
第一步,未梳棉花税则号为"5201.0000"。
第二步,确定货物完税价格。

货物完税价格 = 1 000 美元/公吨×500 公吨×6.051 0 = 3 025 500(元)
每千克货物完税价格 = 3 025 500 元÷500 公吨÷1 000 千克
　　　　　　　　　 = 6.051(元/千克)

第三步,当配额外进口棉花完税价格低于 14.000 元/千克时,暂定关税税率按公式计算;当公式计算值高于 40% 时,取值 40%。该批货物暂定关税税率计算如下:

暂定关税税率 = 8.87/6.051 + 2.908%×6.051 - 1 = 1.47 + 0.18 - 1
　　　　　　 = 0.65

该批货物滑准关税税率为 65%,大于 40%,因此,应取 40% 的关税税率计征关税。

第四步，计算进口关税税额。

$$应征进口关税税额 = 完税价格 \times 暂定关税税率 = 3\,025\,500 \times 40\%$$
$$= 1\,210\,200(元)$$

【实训任务 3-3-6】

国内某公司从美国进口配额外未梳棉花（已取得"关税配额外优惠关税率进口棉花配额证"）500 公吨，成交价格为 CIF 广州 2 500 美元/公吨，汇率为 1 美元＝6.051 0 元人民币。计算应征进口关税税额。

实训指南：
参考[实训任务 3-3-5]的实训指南。

实训操作：
该实训任务计算步骤如下：
第一步，未梳棉花税则号为"5201.0000"。
第二步，计算完税价格。

$$完税价格 = 2\,500 \times 500 \times 6.051\,0 = 7\,563\,750(元)$$
$$每千克货物完税价格 = 7\,563\,750 \div 500 \div 1\,000 = 15.13(元/千克)$$

第三步，由于未梳棉花的进口完税价格高于 14.000 元/千克，按 0.570 元/千克计征从量税。因此，该批棉花的暂定关税税率为 0.570 元/千克。
第四步，计算进口关税税额。

$$应征进口关税税额 = 进口货物数量 \times 暂定关税税率 = 500 \times 1\,000 \times 0.570$$
$$= 285\,000(元)$$

【实训任务 3-3-7】

2016 年 7 月，天津某外贸公司向日本出口合金生铁一批，重量为 100 公吨，价格为每公吨 120 美元 FOB 新港，汇率为 1 美元＝6.102 5 元人民币，核算该公司应纳出口关税税额。

实训指南：
我国对绝大多数出口商品不征收出口关税，目前仅对少数资源型产品及易于竞相杀价、盲目进口、需要规范出口秩序的半制成品征收出口关税。另外，我国目前征收的出口关税都是从价税。

1. 计算公式

$$出口关税税额 = 出口货物完税价格 \times 出口关税税率$$

其中，
$$出口货物完税价格 = FOB/(1 + 出口关税税率)$$

如果出口货物以 CIF 价格成交，
$$出口货物完税价格 = (CIF - 运费 - 保险费)/(1 + 出口关税税率)$$

如果出口货物以 CFR 术语成交，
$$出口货物完税价格 = (CFR - 运费)/(1 + 出口关税税率)$$

2. 计算过程

出口关税的具体计算过程如下：

第一步，确定税则归类，将应税货物归入合适的税则号。

第二步，确定应税货物的 FOB 价格。

第三步，根据汇率将应税货物的完税价格由外币折算成人民币。

第四步，计算应征出口关税税额。

实训操作：

该实训任务计算步骤如下：

第一步，上述任务中应税货物的税则号为"7201.5000"，对应的出口关税税率为 20%。

第二步，计算完税价格。

$$完税价格 = FOB/(1+出口关税税率) = 120 \times 100/(1+20\%)$$
$$= 10\,000(美元)$$

第三步，完税价格折算成人民币价格为 61 025 元人民币。

第四步，计算关税税额

$$应纳出口关税税额 = 出口货物完税价格 \times 出口关税税率 = 61\,025 \times 20\%$$
$$= 12\,205(元)$$

【实训任务 3-3-8】

我国某公司出口硅锰铁 1 000 公吨，成交价格为 100 美元/公吨 CIF 纽约，运费为 200 美元，保险费为 50 美元，已知适用的外汇折算价为 1 美元=6.120 5 元人民币，计算应纳出口关税税额。

实训指南：

参考［实训任务 3-3-7］的实训指南。

实训操作：

该实训任务计算步骤如下：

第一步，硅锰铁的税则号为 7202.3000，对应的出口关税税率为 40%。

第二步，确定 FOB 价格为 99 750 美元（1 000×100－200－50）。

第三步，计算完税价格。

$$完税价格 = FOB/(1+出口关税税率) = 99\,750/(1+40\%)$$
$$= 71\,250(美元)$$

第四步，完税价格折算成人民币价格为 436 085.63 元。

第五步，计算关税税额。

$$应纳出口关税税额 = 出口货物完税价格 \times 出口关税税率 = 436\,085.63 \times 40\%$$
$$= 174\,434.25(元)$$

【实训任务 3-3-9】

上海瑞达贸易有限公司从日本进口一批小轿车，价格为 CIF 东京 50 000 000 日元，所适用的汇率为 1 元人民币=16.463 5 日元，消费税税率为 6%，计算应征消费税税额。

实训指南：

1. 计征消费税的商品范围

根据《中华人民共和国消费税暂行条例》随附的"消费税税目税率（税额）表"的规定，烟、酒和酒精、化妆品、护肤护发品、贵重首饰及珠宝玉石、鞭炮烟火、汽油、柴油、汽车轮胎、摩托车和小汽车11类货物为消费税应税货物。应税货物适用的税率，其中最高为45%，最低为3%。

2. 计税价格及税额计算

（1）从价计征的消费税计算。我国实行从价定率办法计算进口消费税，计税价格由进口货物（成本加运保费）价格（即关税完税价格）加关税税额组成。我国消费税采用价内税的计税方法，因此，计税价格组成中包括消费税税额。

组成计税价格计算公式为：

$$组成计税价格 = （关税完税价格 + 关税税额） \div （1 - 消费税税率）$$

从价计征的消费税税额计算公式为：

$$应纳税额 = 组成计税价格 \times 消费税税率$$

（2）从量计征的消费税计算。我国从量计征的消费税应税货物有黄酒、啤酒、汽油、柴油4种，黄酒每吨240元，啤酒每吨220元，汽油每升0.2元，柴油每升0.1元。

按从量税计征消费税的货品计量单位的换算标准是：

啤酒1吨 = 988升　　　　黄酒1吨 = 962升
汽油1吨 = 1 388升　　　柴油1吨 = 1 176升

$$从量计征的消费税税额 = 应征消费税进口数量 \times 消费税定额税率$$

（3）同时实行定额从量、从价定率征收的消费税是上述两种征税方法之和。计算公式如下：

$$应纳消费税税额 = 消费税组成计税价格 \times 消费税比率税率 + 应征消费税进口数量 \times 消费税定额税率$$

$$消费税组成计税价格 = \frac{关税完税价格 + 关税税额 + 应征消费税进口数量 \times 消费税定额税率}{1 - 消费税税率}$$

实训操作：

该实训任务计算步骤如下：

第一步，关税完税价格为50 000 000日元，折算成人民币为3 037 021.29元。

第二步，小轿车税则号为"8703.2314"，对应的关税税率为80%。

$$进口关税税额 = 3\ 037\ 021.29 \times 80\% = 2\ 429\ 617.03（元）$$

第三步，计算组成计税价格。

$$消费税组成计税价格 = （关税完税价格 + 关税税额） \div （1 - 消费税税率）$$
$$= (3\ 037\ 021.29 + 2\ 429\ 617.03) \div (1 - 6\%)$$
$$= 5\ 815\ 572.68（元）$$

第四步，计算应纳消费税税额。

$$应纳消费税税额 = 消费税组成计税价格 \times 消费税税率 = 5\ 815\ 572.68 \times 6\%$$
$$= 348\ 934.36（元）$$

【实训任务 3-3-10】

上海兴盛贸易有限公司从美国进口 500 箱啤酒,每箱 24 听,每听含量 400 毫升,价格为 CIF 上海 50 000 美元,关税普通税率为 7.5 元/升,消费税税率为 220 元/吨。计算该公司应缴纳消费税税额。

实训指南:
参考[实训任务 3-3-9]的实训指南。

实训操作:
该实训任务计算步骤如下:
第一步,计算进口啤酒数量。

$$进口啤酒数量 = 400\ 毫升 \times 24 \times 500 \div 1\ 000\ 毫升 = 4\ 800(升)$$
$$4\ 800\ 升 \div 998\ 公吨/升 = 4.81(公吨)$$

第二步,计算应纳消费税税额。

$$应纳消费税税额 = 应征消费税进口数量 \times 消费税定额税率$$
$$= 4.81 \times 220 = 1\ 058.2(元)$$

【实训任务 3-3-11】

上海兴盛贸易有限公司从美国进口香烟 15 标准箱,1 标准箱 = 250 标准条,成交价格为 1 500 美元/标准箱 CIF 上海,外汇牌价为 1 美元 = 6.120 5 元人民币,关税税率为 10%,根据所给资料计算该公司应缴纳的进口环节消费税税额。

实训指南:
参考[实训任务 3-3-9]的实训指南。

实训操作:
该实训任务计算步骤如下:
第一步,香烟税则号为"2402.2000"。
第二步,对香烟征收复合消费税:每标准条进口完税价格>50 元人民币时,按 45% 从价税率+150 元/标准箱从量税征收;每标准条进口完税价格<50 元,按 30% 从价税率+150 元/标准箱从量税征收。
第三步,计算香烟完税价格。

$$香烟完税价格 = 1\ 500\ 美元 \times 15\ 标准箱 \times 6.120\ 5$$
$$= 137\ 711.25(元)$$

第四步,计算香烟每标准条完税价格。

$$每标准条完税价格 = 137\ 711.25 \div 15\ 标准箱 \div 250\ 条$$
$$= 36.72(元)$$

由于每标准条完税价格小于 50 元,因此,按 30% 从价税率+150 元/标准箱征收消费税。

第五步,计算应纳税额。

$$关税税额 = 137\ 711.25 \times 10\% = 13\ 771.13(元)$$

$$从量消费税税额 = 15\ 标准箱 \times 150\ 元 = 2\ 250(元)$$

$$消费税组成计税价格 = \frac{关税完税价格 + 关税税额 + 应征消费税进口数量 \times 消费税定额税率}{1 - 消费税税率}$$

$$= (137\ 711.25 + 13\ 771.13 + 2\ 250) \div (1 - 30\%)$$

$$= 219\ 617.69(元)$$

消费税应纳税额 = 消费税组成计税价格 × 消费税比率税率 + 应征消费税进口数量 × 消费税定额税率

$$= 219\ 617.69 \times 30\% + 15 \times 150$$

$$= 65\ 885.31 + 2\ 250$$

$$= 68\ 135.31(元)$$

【实训任务 3-3-12】

2016 年 8 月,上海兴盛贸易有限公司从国外进口高档葡萄酒一批,经海关审定其成交价格总值为 CIF 上海 125 000 美元,已知该批货物的关税税率为 8%,增值税税率为 17%,消费税税率为 10%,适用的外汇汇率为 1 美元 = 6.120 5 元人民币,计算该批货物应征增值税税额。

实训指南:

我国的增值税应税货物全部征收从价税,其基本税率为 17%,但对于一些关系到国计民生的重要物资,其增值税税率为 13%。

下列各类货物增值税税率为 13%。

(1) 粮食、食用植物油。
(2) 自来水、暖气、冷气、煤气、石油液化气、天然气、沼气、居民用煤炭制品。
(3) 图书、报纸、杂志。
(4) 饲料、化肥、农药、农机、农膜。
(5) 金属矿和非金属矿等产品(不包括金粉、锻造金,它们为零税率)。
(6) 国务院规定的其他货物。

具体计算公式如下:

$$进口环节增值税应纳税额 = 增值税组成计税价格 \times 增值税税率$$

$$增值税组成计税价格 = 关税完税价格 + 关税税额 + 消费税税额$$

实训操作:

该实训任务计算步骤如下:

第一步,葡萄酒完税价格。

$$完税价格 = 125\ 000 \times 6.120\ 5 = 765\ 062.5(元)$$

第二步,计算关税税额。

$$关税税额 = 关税完税价格 \times 关税税率 = 765\ 062.5 \times 8\%$$

$$= 61\ 205(元)$$

第三步,计算应征消费税税额。

$$消费税税额 = [(关税完税价格 + 关税税额) \div (1 - 消费税税率)] \times 消费税税率$$
$$= [(765\ 062.5 + 61\ 205) \div (1 - 10\%)] \times 10\% = 91\ 807.5(元)$$

第四步,计算应征增值税税额。

$$增值税税额 = (关税完税价格 + 关税税额 + 消费税税额) \times 增值税税率$$
$$= (765\ 062.5 + 61\ 205 + 9\ 1807.5) \times 17\%$$
$$= 156\ 072.75(元)$$

【实训任务 3-3-13】

上海兴盛贸易有限公司从国外购进一批高档化妆品,该批化妆品应征关税额为 35 420 元,应征进口环节消费税为 23 560 元,进口环节增值税为 46 880 元。海关于 2016 年 6 月 6 日填发海关专用缴款书,该公司于 2016 年 6 月 29 日缴纳税款。根据所给资料计算该公司应征滞纳金。

实训指南:

滞纳金是指应纳关税的单位或个人因在规定期限内未向海关缴纳税款依法应缴纳的款项,目的在于使纳税义务人承担增加的经济制裁责任,促使其尽早履行纳税义务。《关税条例》规定:进出口货物的纳税义务人,应当自海关填发税款缴款书之日起 15 日内向指定银行缴纳税款。逾期缴纳的,海关依法在原应纳税款的基础上,按日征收 0.5‰ 的滞纳金。海关对滞纳天数的计算是自滞纳税款之日起至进出口货物的纳税义务人缴纳税费之日止。税款滞纳期限内含有星期六、星期天等休息日或法定节假日不予扣除。缴纳期限届满日如遇星期六、星期日等休息日或者法定节假日的,应当顺延至休息日或法定节假日之后的第 1 个工作日。国务院临时调整休息日与工作日的,则按照调整后的情况计算缴款期限。

滞纳金按每票货物的关税、进口环节增值税和消费税单独计算。起征点为人民币 50 元,低于 50 元的免予征收。

其计算公式为:

$$关税滞纳金 = 滞纳关税税额 \times 0.5‰ \times 滞纳天数$$
$$进口环节消费税滞纳金 = 滞纳消费税税额 \times 0.5‰ \times 滞纳天数$$
$$进口环节增值税滞纳金 = 滞纳增值税税额 \times 0.5‰ \times 滞纳天数$$

实训操作:

该实训任务计算步骤如下:

第一步,确定滞纳天数。

在该实训任务中,税款缴纳期限自 2016 年 6 月 6 日(周一)起,第 15 天为 6 月 21 日。自 6 月 22 日开始征收滞纳金,6 月 29 日缴纳税款,滞纳天数为 8 天。

第二步,分别计算应缴纳的关税、进口环节消费税和增值税的滞纳金。如超过起征点 50 元,予以征收。

$$关税滞纳金 = 滞纳关税税额 \times 0.5‰ \times 滞纳天数 = 35\ 420 \times 0.5‰ \times 8$$
$$= 141.68(元)$$
$$进口环节消费税滞纳金 = 滞纳消费税税额 \times 0.5‰ \times 滞纳天数 = 23\ 560 \times 0.5‰ \times 8$$
$$= 94.24(元)$$
$$进口环节增值税滞纳金 = 滞纳增值税税额 \times 0.5‰ \times 滞纳天数 = 46\ 880 \times 0.5‰ \times 8$$
$$= 187.52(元)$$

实训任务四　提取或装运货物

【实训任务3-4-1】

天津恒通进出口公司与英国某客户签订了成交价格为每件150美元FOB伦敦的进口瓷器的合同,该批货物于2016年2月8日由"神龙号"货轮载运进境。该公司委托某报关公司报关员代为向海关申报货物进口。根据以上资料分析:①报关员办结海关手续后海关是否还需要对货物继续监管? ②报关员在海关放行后可以向海关申请哪些证明文件?

实训指南:

1. 海关进出境现场放行和货物结关

(1)海关进出境现场放行是指海关接受进出口货物的申报、审核电子数据报关单和纸质报关单及随附单据,并对货物进行查验和征收税费后,对进出口货物作出结束海关进出境现场监管的决定,允许进出口货物离开海关监管场所的工作环节。

方式:由海关在提货凭证或出口装箱单或凭证上加盖海关放行章。

实行无纸通关的海关,货物的收发货人根据海关的发出的海关放行的报文,自行打印放行凭证。

(2)货物结关是指进出口货物办结海关手续,结束海关监管(表示已经履行完于进出口有关的一切义务)。

海关现场放行分为两种情况,对于一般进出口货物,海关放行后就可以进入生产和流通领域,放行就是结关。对于保税货物、暂准进口货物、特定减免税货物,放行并不等于结关,海关在一定时期内还需进行监管。

2. 提取或装运货物

提取货物是指进口货物收货人或其代理人签收海关加盖海关放行章戳记的进口提货凭证,凭此到货物进境地的港区、机场、车站等海关监管区域办理领取进口货物的手续。

装运货物是指出口货物发货人或其代理人签收海关加盖放行章戳记的出口装货凭证,凭此到货物出境地的港区、机场、车站等海关监管仓库,办理将货物装上运输工具离境的手续。

3. 申请签发证明联

需要海关签发证明的,可以向海关提出申请,海关在签发证明的同时通过电子口岸执法系统向有关单位传送相关数据进行备案,常见证明如下:

(1)申请签发报关单证明联主要有:①进口付汇证明;②出口收汇证明;③出口退税证明联。

(2)办理其他证明手续:①出口收汇核销单;②进口货物证明书。

实训操作:

(1)在[实训任务3-4-1]中,由于货物属于一般进口货物,办结海关手续后,海关对货物进境后不再进行监管。

(2)报关员在海关放行后可向海关申请进口付汇证明联。

【实训任务3-4-2】

天津恒通进出口公司向美国出口一批服装,合同规定的货物最迟装运期为2016年5月1

日。4月25日,该公司委托某报关行报关员对货物出口进行报关。根据以上资料分析报关员在海关放行后可以向海关申请哪些证明文件。

实训指南:
参考[实训任务3-4-1]的实训指南。

实训操作:
出口货物在办结海关手续后,可向现场海关申请办理签发收汇证明联和出口退税证明联的手续。

实训任务五　综合实训案例

【实训任务3-5-1】

根据以下资料填制进口货物报关单。

广州荣升外贸公司(经营单位编码:4401923511)从美国进口一批男式衬衫,商品编码为6105.1000。该批货物于2016年3月3日抵达,并于当日向广州海关(关区代码:5100)报关。自动进口许可证号为4400-2014-05324。

(1) 装箱单。

PACKING LIST

INVOICE NO:163386
ORDER NO:B270

CONSIGNEES:GUANGZHOU RONGSHENG　FOREIGN COMPANY
NAME OF VESSEL:SHUNDA
PORT OF SHIPMENT:NEWYORK
DESTINATION:GUANGZHOU

MRAKS & NUMBER	QUANTITY	DESCRIPTION	NET WEIGHT	GROSS WEIGHT	MEASUREMENT
RONGSHENG 32 LT 460 CTN NO. 1-200	200CTNS	MEN'S SHIRTS MS690	150KGS	175KGS	24CBM
TOTAL	200CTNS		150KGS	1750KGS	24CBM

Signed by BISACO.,LTD

（2）商业发票。

<table>
<tr><td colspan="2">EXPORTER
BISACO., LTD
202 KASA ROAD, NEWYORK, AMERICA</td><td colspan="2" rowspan="2">商业发票
COMMERCIAL INVOICE</td></tr>
<tr><td colspan="2" rowspan="2">CONSIGNEE
GUANGZHOU RONGSHENG
FOREIGN COMPANY
50HEBEI RD, TIANJIN, CHINA</td></tr>
<tr><td>NO.
163386</td><td>DATE
FEB 20, 2016</td></tr>
<tr><td colspan="2" rowspan="2">TRANSPORT DETAILS
SHIPMENT FROM NEWYORK TOGUANGZHOU
CHINA BY SEA
PER: SHUNDA219</td><td>S/C NO.
32 LT 460</td><td>B/L NO.
CN503200</td></tr>
<tr><td colspan="2">TERMS OF PAYMENT
L/C AT SIGHT</td></tr>
<tr><td>MARKS AND NUMBERS</td><td>DESCRIPTION OF GOODS</td><td>QUANTITY & KIND OF PACKAGES</td><td>UNIT PRICE</td><td>AMOUNT</td></tr>
<tr><td>RONGSHENG
32 LT 460
CTN NO. 1-200</td><td>MEN'S SHIRTS</td><td>5 000 PCS
25PCS/CARTON</td><td>USD 50.00
CIFGUANGZHOU</td><td>USD 250 000.00</td></tr>
<tr><td colspan="4">Total: 5 000 PCS</td><td>USD 250 000.00</td></tr>
<tr><td colspan="5">SAY TOTAL: SAY USD DOLLARS TWO HANDRED FIFTY THOUSAND ONLY.
We hereby certify that the contents of invoice herein are true and correct.

BISACO., LTD</td></tr>
</table>

实训指南：

参考实训项目二进出口报关单填制相关内容。

实训操作:

报关单填制如下:

中华人民共和国海关进口货物报关单

预录入编号: 海关编号:

进口口岸 广州海关 5100		备案号	进口日期 20160303	申报日期 20160303
经营单位 广州荣升外贸公司 4401923511		运输方式 2	运输工具名称 SHUNDA/219	提运单号 CN503200
收货单位 广州荣升外贸公司 4401923511		贸易方式 0110	征免性质 101	征税比例
许可证号		起运国(地区) 美国	装运港 NEWYORK	境内目的地 44519
批准文号		成交方式 1	运费	保费	杂费
合同协议号 32 LT 460	件数 200	包装种类 纸箱	毛重(千克) 175	净重(千克) 150
集装箱号 0		随附单据 7:4400—2014—05324		用途 外贸自营内销
标记唛码及备注 RONGSHENG 32 LT 460 CTN NO.1-200				

项号	商品编号	商品名称、规格型号	数量及单位	原产国(地区)	单价	总价	币制	征免
01	6105.1000	男式衬衫 MS690	5 000 件	美国	50	25 000	502	照章征税

税费征收情况

录入员 录入单位	兹申明以上申报无讹并承担法律责任	海关审单批注及放行日期 (签章)	
		审单	审价
报关员 单位地址 邮编 电话	申报单位(签章) 填制日期	征税 查验	统计 放行

【实训任务 3-5-2】

根据所给资料填制一份出口货物报关单。

天津中诚纺织品有限公司(经营单位编码:1201950310)签订了一笔出口女式衬衣到加拿大温哥华的合同,2016 年 5 月 4 日该公司持相关报关单证向新港海关申报出口,货物于次日装船离境。现有资料如下:

(1) 商业发票。

ISSUER TIANJINGZHONGCHENG EXTILE GARMENT CO., LTD. 225 HEBEI ROAD, TIANJIN, CHINA	商业发票 COMMERCIAL INVOICE	
TO TISUE CO., LTD P. O. BOX 80155 VANCOUVER, CANADA		
	NO. CT35210	DATE MAY 2, 2016
TRANSPORT DETAILS SHIPMENT FROM XINGANGI TO VANCOUVER BY VESSEL	S/C NO. DPS05127	L/C NO. 3625410
	TERMS OF PAYMENT L/C AT SIGHT	

MARKS AND NUMBERS	NUMBER AND KIND OF PACKAGE DESCRIPTION OF GOODS	QUANTITY	UNIT PRICE	AMOUNT
			USD	
TISUE CO., LTD CTN NO. VANCOUVER MADE IN CHINA			CIF VANCOUVER, CANADA	
	LADIES SHIRTS (100% COTTON, 40S×20/140×60)	2 000 PCS	USD 15.00	USD 30 000.00
	Total: 2 000 PCS			USD 30 000.00

SAY TOTAL: USD THIRTY THOUSAND ONLY

SALES CONDITIONS: CIF VANCOUVER/CANADA
SALES CONTRACT NO. DPS05127
LADIES SHIRTS (100% COTTON, 40S×20/140×60)
STYLE NO.   PO NO.   QTY/PCS   USD/PC
45-300A   12345   2 000   15.00

(出口商签字和盖单据章)

(2) 装箱单。

天津中诚纺织品有限公司
TIANJING ZHONGCHENG TEXTILE GARMENT CO., LTD.

PACKING LIST

TO:	TISUE CO., LTD	INVOICE NO.:	CT35210
	P.O. BOX 80155 VANCOUVER, CANADA	INVOICE DATE:	MAY 2, 2016
		S/C NO.:	DPS05127

SHIPPED BY: SHENGLONG216

FROM: TIANJIN XINGANG   TO: VANCOUVER

B/L NO: 130065

Letter of Credit No.: 3625410   Date of Shipment: MAY 5, 2016

CTN NO	CTNS	STYLE NO	SIZE ASSORTMENT PER CARTON					PCS/CTN	TOTAL PCS	G.W.	N.W.	MEAS.
1-20	20	45-300A	10	12	14	16	18	20	100	2 000	25 KG/CTN	23 KG/CTN	1 CBM/CTN

SHIPPING MARKS:
TISUE CO., LTD
CTN NO.
VANCOUVER
MADE IN CHINA

SALES CONDITIONS: CIF VANCOUVER /CANADA
SALES CONTRACT NO. DPS05127
LADIES SHIRTS (100% COTTON, 40SX20/140X60)

STYLE NO.	PO NO.	QTY/PCS	USD/PC
45-300 A	12345	2 000	15.00

实训指南：
参考实训项目二进出口报关单的填制相关内容。

实训操作：
报关单填制如下：

中华人民共和国海关出口货物报关单

预录入编号： 　　　　　　　　　　　　　　　　　　　　　　海关编号：

出口口岸 新港海关 0202	备案号		出口日期 20160505	申报日期 20160504
经营单位 天津中诚纺织品有限公司 1201950310	运输方式 水路运输	运输工具名称 SHENLONG/216		提运单号 130065
发货单位 天津中诚纺织品有限公司 1201950310	贸易方式 0110	征免性质 101		结汇方式 6
许可证号	运抵国（地区） 加拿大	指运港 新港		境内货源地 津南区
批准文号	成交方式 1	运费	保费	杂费
DPS05127	件数 20	包装种类 纸箱	毛重（千克） 500	净重（千克） 460
集装箱号 0	随附单据		生产厂家	
标记唛码及备注 TISUE CO.，LTD CTN NO. VANCOUVER MADE IN CHINA				

项号	商品编号	商品名称、规格型号	数量及单位	最终目的国（地区）	单价	总价	币制	征免
01	61062000	LADIES SHIRTS 100% COTTON	2 000 PCS	温哥华	15	30 000	502	照章征税

税费征收情况

录入员　　录入单位	兹声明以上申报无讹并承担法律责任	海关审单批注及放行日期（签章）	
		审单	审价
报关员	申报单位（签章）	征税	统计
单位地址		查验	放行
邮编　　　电话　　　填制日期			

【实训操作训练 1】

根据以下资料填写出口报关单。

上海盛洪有限公司（经营单位编码：3101623120）与美国进口商达成出口一批女式羽绒服的合同，2016 年 8 月 1 日，该公式持相关单证向上海吴淞海关申报出口，次日，该批货物装于"SHENLONG V233"号货轮离境。该批货物运费为 350 美元。

(1) 销售合同。

销 售 合 同
SALES CONTRACT

卖方 SELLER： SHANGHAI SHENGHONG CO., LTD. NO. 201 SUZHOU ROAD, SHANGHAI CHINA	编号 NO.： NE20160102 日期 DATE： JUL. 10, 2016 地点 SIGNED IN： SHANGHAI, CHINA

买方 BUYER： CHARLY TRADING CO. LTD.
NO. 23 NAKR STREET, NEWYORL AMERICA

买卖双方同意以下条款达成交易：
This contract is made by and agreed between the BUYER and SELLER, in accordance with the terms and conditions stipulated below.

1. 品名及规格 Commodity & Specification	2. 数量 Quantity	3. 单价及价格条款 Unit Price & Trade Terms	4. 金额 Amount
			CFR NEWYORK, AMERICA
LADIES' DOWN COAT BRAND "SIKE" STYLE NO： YK09580	1 000 PCS	USD 120.00	USD 120 000.00
Total：	1 000 PCS		USD 120 000.00

允许 With 5%　溢短装，由卖方决定
　　　　　　　More or less of shipment allowed at the sellers' option

5. 总值 Total Value　　USDDOLLARS AON HUNDRED AND TWENTY THOUSAND ONLY.

6. 包装 Packing　　CARTON

7. 唛头 Shipping Marks　　N/M

8. 装运期及运输方式 Time of Shipment & means of Transportation　　Not Later Than AUG 10, 2016　BY VESSEL

9. 装运港及目的地 Port of Loading & Destination　　From： SHANGHAI, CHINA
　　　　　　　　　　　　　　　　　　　　　　　　To： NEWYORK PORT, AMERICA

10. 保险 Insurance　　TO BE COVERED BY SELLER AGAINST WPA AND WAR RISKS FOR 110% OF THE INVOICE VALUE AS PER THE RELEVANT OCEAN MARINE CARGO OF PICC DATED 1/1/1981

11. 付款方式 Terms of Payment　　By Irrevocable Letter of Credit to be opened by full amount of L/C, Payment at Sight document to be presented within 21 days after date of B/L at beneficiary's account.

12. 备注 Remarks　　1) Transshipment prohibited, Partial shipment prohibiteD.
　　　　　　　　　　2) Shipment terms will be fulfilled according to the L/C finally.

The Buyer	The Seller
CHARLY TRADING CO. LTD.	SHANGHAI SHENGHONG CO., LTD.
（进口商签字盖章）	（出口商签字和盖章）

（2）商业发票。

ISSUER SHANGHAI SHENGHONG CO.,LTD NO.201 SUZHOU ROAD, SHANGHAI, CHINA		商业发票 **COMMERCIAL INVOICE**	
TO CHARLY TRADING CO.,LTD NO.23 NAKR STREET, NEW YORK, AMERICA			
		NO. CL1024	DATE JUL 20, 2016
TRANSPORT DETAILS SHIPMENT FROM MARSEILLE TO GUANGZHOU BY VESSEL		S/C NO. SC38240	L/C NO. T20021
		TERMS OF PAYMENT L/C AT SIGHT	
MARKS AND NUMBERS	NUMBER AND KIND OF PACKAGE DESCRIPTION OF GOODS	QUANTITY	UNIT PRICE	AMOUNT
			CFR **NEWYORK**, AMERICA	
N/M	LADIES' DOWN COAT BRAND "SIKE" STYLE NO: YK09580	1 000 PCS	USD 120.00	USD 120 000.00
	Total: 1 000 PCS			USD 120 000.00
SAY TOTAL: USD DOLLARS ONE HUNDRED AND TWENTY THOUSAND ONLY				
			（出口商签字和盖单据章） SHANGHAI SHENGHONG CO.,LTD	

(3) 装箱单。

ISSUER SHANGHAI SHENGHONG CO. ,LTD NO. 201 SUZHOU ROAD, SHANGHAI, CHINA	装箱单 PACKING LIST	
TO CHARLY TRADING CO. ,LTD NO. 23 NAKR STREET, NEW YORK, AMERICA	INVOICE NO. CL1024	DATE JUL 22,2016

Marks and Numbers	Number and kind of package Description of goods	PACKAGE	G. W KG	N. W KG	Meas. CBM
N/M	LADIES ′DOWN COAT BRAND "SIKE" STYLE NO: YK09580	10 CTNS	998 KGS	900 KGS	15.2 CBM

TOTAL   1 000 PCS   998 KGS   900 KGS

TOTAL PACKED IN 10 CTNS

（出口商签字和盖单据章）
SHANGHAI SHENGHONG CO. ,LTD

（4）海运提单。

1) SHIPPER SHANGHAI SHENGHONG CO.,LTD NO. 201 SUZHOU ROAD, SHANGHAI, CHINA		10) B/L NO. LT3721
2) CONSIGNEE CHARLY TRADING CO.,LTD NO. 23 NAKR STREET, NEW YORK, AMERICA		**C O S C O** 中国远洋运输(集团)总公司 CHINA OCEAN SHIPPING(GROUP)CO. **ORIGINAL** COMBINED TRANPORT BILL OF LADING
3) NOTIFY PARTY		
4) PLACE OF RECEIPT	5) OCEAN VESSEL SHENLONG	
6) VOYAGE NO. V233	7) PORT OF LOADING SHANGHAI, CHINA	
8) PORT OF DISCHARGE NEW YORK, AMERICA	9) PLACE OF DELIVERY	

11) MARKS	12) NOS. & KINDS OF PKGS	13) DESCRIPTION OF GOODS	14) G.W.(kg)	15) MEAS(m^3)
N/M	TEN CARTONS	LADIES'DOWN COAT BRAND "SIKE" STYLE NO:YK09580	998	15.2

16) TOTAL NUMBER OF CONTAINERS OR PACKAGES(IN WORDS)
TOTAL TEN CARTONS ONLY

FREIGHT & CHARGES	REVENUE TONS	RATE	PER	PREPAID	COLLECT
PREPAID AT	PAYABLE AT		17) PLACE AND DATE OF ISSUE SHANGHAI, CHINA, JUL 23,2016		
TOTAL PREPAID	18) NUMBER OF ORIGINAL B(S)L 3/3				
LOADING ON BOARD THE VESSEL 19) DATE			20) SIGNED FOR THE CARRIER, CHINA OCEAN SHIPPING(GROUP)CO.		

（5）出口货物报关单。

中华人民共和国海关出口货物报关单

预录入编号： 海关编号：

出口口岸		备案号	出口日期	申报日期
经营单位 5		运输方式	运输工具名称	提运单号
发货单位		贸易方式	征免性质	结汇方式
许可证号	运抵国(地区)	指运港		境内货源地
批准文号	成交方式	运费	保费	杂费
合同协议号	件数	包装种类	毛重	净重
集装箱号	随付单据		生产厂家	
标记唛码及备注				
项号　商品编号　商品名称、规格型号　数量及单位　原产国(地区)　单价　总价　币制　征免				
税费征收情况				
录入员　　　录入单位	兹声明以上申报无讹并承担法律责任		海关审单批注及放行日期(签章)	
			审单	审价
报关员			征税	统计
	单位地址			
邮编　　　　　电话	填制日期		查验	放行

【实训操作训练 2】

根据以下参考资料制作进口货物报关单。

2016年4月,广州众鑫贸易公司(经营单位编码:4401432100)从法国进口一批轿车用儿童安全座椅,5月5日,用于载运该批货物的"DONGFENG V203"船舶申报进境,5月9日,该公司向广州海关办理进口报关手续。具体单证资料如下:

(1)商业发票。

ISSUER TINAS TRADING CO., LTD. 20 KASA ROAD, PARIS, FRANCE		商业发票 COMMERCIAL INVOICE		
TO GUANGZHOU ZHONGXIN TRADING CO., LTD 235 HUANGPUDADAO GUANGZHOU, CHINA		NO. ST320		DATE APR 20, 2016
TRANSPORT DETAILS SHIPMENT FROM MARSEILLE TO GUANGZHOU BY VESSEL		S/C NO. SC1326		L/C NO. T1520
		TERMS OF PAYMENT L/C AT SIGHT		
Marks and Numbers	Number and kind of package Description of goods	Quantity	Unit Price	Amount
			CIF **GUANGZHOU**, CHINA	
SC1326 GUANGZHOU C/NO. 1-10	CHILD SAFETY SEAT STYLIE:SOLUTION X2-FIX SIZE: 48 * 48 * 65-82 cm	100 PCS	USD 100.00	USD 10 000.00
	Total: 100 PCS			USD 10 000.00
SAY TOTAL: USD TEN THOUSAND ONLY SALES CONDITIONS: CIF GUANGZHOU CHINA SALES CONTRACT NO. SC326 Child safety seat STYLE NO. QTY/PCS USD/PC SOLUTION X2-FIX 100 100.00 TINAS TRADING CO., LTD				

（2）海运提单。

1) SHIPPER TINAS TRADING CO., LTD. 20 KASA ROAD, PARIS, FRANCE		10) B/L NO. YH0310
2) CONSIGNEE GUANGZHOU ZHONGXIN TRADING CO., LTD 235 HUANGPUDADAO GUANGZHOU, CHINA		**C O S C O** 中国远洋运输(集团)总公司 CHINA OCEAN SHIPPING(GROUP)CO.
3) NOTIFY PARTY		**ORIGINAL** COMBINED TRANPORT BILL OF LADING
4) PLACE OF RECEIPT	5) OCEAN VESSEL DONGFENG	
6) VOYAGE NO. V203	7) PORT OF LOADING MARSEILLE, FRANCE	
8) PORT OF DISCHARGE GUANGZHOU, CHINA	9) PLACE OF DELIVERY	
11) MARKS 12) NOS. & KINDS OF PKGS 13) DESCRIPTION OF GOODS 14) G.W. (kg) 15) MEAS(m³)		
SC1326 10 WOODEN CASES CHILD SAFETY SEAT 265 KGS 10.2 CBM GUANGZHOU STYLE: SOLUTION X2-FIX C/NO. 1-10 SIZE: 48*48*65-82 CM		
16) TOTAL NUMBER OF CONTAINERS OR PACKAGES(IN WORDS) TOTAL TEN CASES ONLY		

FREIGHT & CHARGES	REVENUE TONS	RATE	PER	PREPAID	COLLECT
PREPAID AT	PAYABLE AT	17) PLACE AND DATE OF ISSUE MARSEILLE, FRANCE APR 22, 2016			
TOTAL PREPAID	18) NUMBER OF ORIGINAL B(S)L 3/3				
LOADING ON BOARD THE VESSEL 19) DATE		20) SIGNED FOR THE CARRIER, CHINA OCEAN SHIPPING(GROUP)CO.				

(3)装箱单。

PACKING LIST

INVOICE NO:ST320

ORDER NO:B270

CONSIGNEE:GUANGZHOU RONGSHENG FOREIGN COMPANY

DESCRIPTION OF GOODS:CHILDSAFETYSEAT

STYLIE:SOLUTION X2-FIX

SIZE:48 * 48 * 65-82 cm

TERMS OF PAYMENT:L/C AT SIGHT

NAME OF VESSEL:DONGFENG V203

PORT OF SHIPMENT:MARSEILLE , FRANCE

DESTINATION:GUANGZHOU, CHINA

PRICE TERM:CIF GUANGZHOU CHINA

MRAKS & NUMBER	QUANTITY	DESCRIPTION	NET WEIGHT	GROSS WEIGHT	MEASUREMENT
SC1326 GUANGZHOU C/NO.1-10	100 PCS	CHILD SAFETY SEAT STYLIE:SOLUTION X2-FIX SIZE:48 * 48 * 65-82 cm	200 KGS	265 KGS	10.2 CBM
TOTAL	100 PCS		200 KGS	265 KGS	10.2 CBM

Signed by TINAS TRADING CO., LTD

(4) 进口货物报关单。

中华人民共和国海关进口货物报关单

预录入编号： 海关编号：

进口口岸		备案号		进口日期		申报日期	
经营单位		运输方式		运输工具名称		提运单号	
收货单位			贸易方式		征免性质		征税比例
许可证号		起运国(地区)		装运港		境内目的地	
批准文号		成交方式		运费		保费	杂费
合同协议号		件数		包装种类		毛重(千克)	净重(千克)
集装箱号		随附单据				用途	
标记唛码及备注							
项号　商品编号　商品名称、规格型号　数量及单位　原产国(地区)　单价　总价　币制　征免							
税费征收情况							
录入员　　录入单位		兹申明以上申报无讹并承担法律责任 申报单位(签章)		海关审单批注及放行日期（签章）			
报关员				审单		审价	
单位地址				征税		统计	
邮编　　　　电话　　　　填制日期				查验		放行	

实训考核标准

项目	分值	项目	分值
一般进出口货物申报	30	一般进出口货物税款缴纳	35
一般进出口货物查验	20	货物的提取或装运	15
		合计	100

项目小结

一般进出口货物是指在货物进出境环节缴纳了应征的进出口税费,并办理了必要的海关手续,海关放行后不再监管的进出口货物。一般进出口货物的报关程序只有一个阶段,即进出境阶段,进出境阶段由四个环节组成:进出口申报、配合查验、缴纳税费、凭单取货或装运出口。其中,申报是货物进出境报关四大环节之中的关键环节,报关单位在申报时应按规定的期限、地点,以电子报关单和纸质报关单的形式向海关报告货物实际进出口情况。如果没有按时申报,海关要征收滞报金。滞报金计算的难点在于滞报天数的决定,学生要重点掌握。

本项目对一般进出口货物报关的四个环节分别布置了实训任务,通过完成实训任务的方式让学生掌握报关的流程,学会通关各种手续的办理,材料文件的准备。另外,为了让学生学会填制一般进出口货物报关单据,本项目还安排了综合实训环节,提供相关的背景资料和报关所需单据让学生填制报关单,使他们能够掌握报关单各栏目的填制规范,把专业知识和技能转变成工作能力和实际经验。

实训项目四 保税货物进出口报关程序

实训目标

1. 了解保税加工货物合同备案环节的流程
2. 掌握银行保证金台账管理制度和银行保证金台账金额的计算
3. 掌握单耗、净耗、工艺损耗的概念及计算方法
4. 掌握保税加工料件进口时报关单的填制规范
5. 掌握保税加工成品出口时报关单的填制规范
6. 掌握保税货物深加工结转、内销以及加工贸易不作价设备进口时的报关单填制规范
7. 掌握保税物流货物报关时报关单的填制规范
8. 掌握核销的公式

实训要求

学生通过保税货物报关综合实训项目的学习,培养系统、完整、独立地完成保税货物报关工作的能力,具有自己分析报关流程、搜集整理相关单证、填制报关单、完成核销结案的能力,学生也可以借助报关实训软件,更完整地体验保税货物报关流程中的各个环节。

实训设计

按照保税加工货物的报关流程,将保税货物报关实训划分为备案、料件进境、成品出境、特殊作业(内销、深加工结转)、核销等流程进行实训。

【业务操作背景】

河南省人民政府2010年11月3日对外公布,郑州新郑综合保税区(郑州航空港区)获得国务院批准,规划面积为5.073平方千米,郑州航空港区东临新郑国际机场,北距郑州市区20千米。这是中国中部地区迄今为止设立的第一个综合保税区。

【问题导入1】 "保税"的含义是什么?保税货物有哪些类型?

答:保税制度是一种国际通行的海关管理制度,是指经海关批准的境内企业所进口的货物,在进口时暂免缴纳进口环节税,在海关监管下在境内指定的场所储存、加工、装配后复出口到国外的一种管理制度。保税货物分保税加工货物和保税物流货物两类,见图4-1和图4-2。

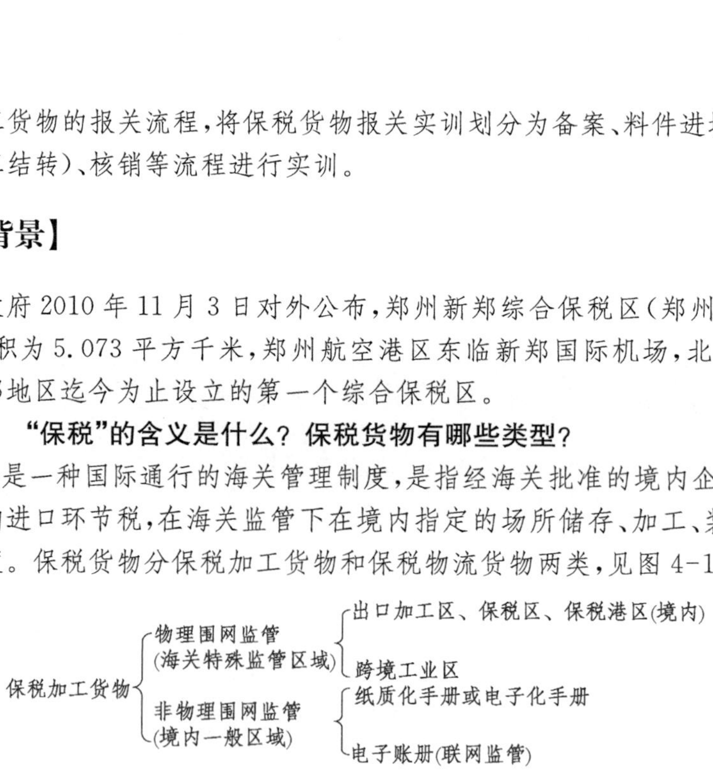

```
                    ┌─物理围网监管      ┌─出口加工区、保税区、保税港区(境内)
                    │ (海关特殊监管区域) └─跨境工业区
保税加工货物────────┤
                    │ 非物理围网监管    ┌─纸质化手册或电子化手册
                    └ (境内一般区域)    └─电子账册(联网监管)
```

图4-1

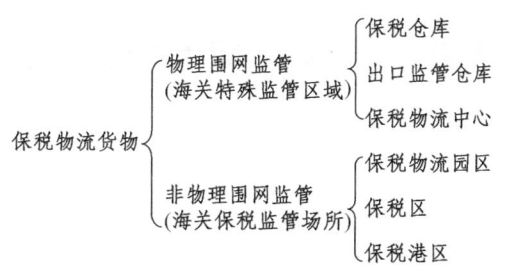

图 4-2

(1) 保税加工货物是指经海关批准未办理纳税手续进境,在境内加工装配后复运出境的货物。保税加工的料件在进境地被提取进境后,并不是海关监管的结束,海关要一直监管到加工、装配后复运出境或者补交税费办理正式进口手续最终核销结案为止。

(2) 保税物流货物是指经海关批准未办理纳税手续进境,在境内分拨或储存后复运出境的货物,这些货物必须存放在特定的保税监管场所或海关特殊监管区域,如保税仓库、保税物流中心、保税物流园区,这些货物也是从进境起直到出境止海关全程监管。

【问题导入2】 在哪些场所可以从事保税加工和保税物流活动?

答:根据海关管理相关条例如下。

(1) 保税加工可以在海关特殊监管区域(出口加工区、保税区、保税港区、跨境工业区),也可以在区外(非海关特殊监管区域)进行,海关特殊监管区域采用物理围网(高墙+哨卡)方式进行监管,区外进行保税加工活动必须建立电子底账,包括电子化手册和电子账册的非物理围网方式进行监管。

(2) 保税物流活动必须在海关保税监管场所或海关特殊监管区域进行,海关特殊监管场所(保税仓库、出口监管仓库、保税物流中心等)只能从事保税物流活动,不能从事保税加工活动。

【问题导入3】 在海关特殊监管区域内从事保税加工活动可以享受哪些政策上的优惠?

答:在海关特殊监管区域(以保税区为例)从事加工贸易可以享受到如下政策上的优惠:

(1) 从事加工贸易不实行银行保证金台账制度。

(2) 保税货物内销不用缴纳缓税利息。

(3) 加工贸易料件进口时使用"进境货物备案清单"进行报关,备案环节和进口环节合并,无需单独备案。

(4) 区内货物无限期保税,没有固定保税期限。

(5) 区内进口从事加工贸易业务所需进口的部分生产设备,可享受特定减免税优惠。

【问题导入4】 保税加工货物在哪些情况下需要报关?

答:保税加工货物的海关管理分为料件进口、生产装配、成品复出口三个阶段组成。

(1) 料件进口阶段需要进行进口报关,料件进口报关暂缓缴纳进口环节税,属于进出口许可证管理项下的商品暂缓缴纳进口许可证。

(2) 在加工装配阶段,下列情况下需要报关:①残次品和边角料内销,需要报关,并补缴进口环节税,有些情况下还要补缴缓税利息;②边角料和残次品放弃,需要报关,并将其运送于海关指定的仓库中;③一笔合同的剩余料件结转给另一家企业继续做加工贸易料件,需要进行结转报关;④半成品结转到另一家企业进行深加工为成品后出口,需要进行深加工结转报关。

(3) 复出口阶段。加工贸易成品复出口,免交出口关税,免于交验出口许可证。

实训任务一 保税加工货物合同备案

【实训任务 4-1-1】

某外商独资企业(未实行海关加工贸易联网管理的加工贸易企业,B 类管理)为生产供外销产品用包装袋,从境外购买人工合成材料(加工贸易允许类产品,属法定检验及自动进口许可管理范围商品)20 吨,合同总价为 CIFUSD 28 000。

请结合上述背景,总结下企业在从事加工贸易业务时,应如何向海关进行备案?

实训指南：

加工贸易项下保税加工货物的报关程序由三个阶段组成(见图 4-3)。

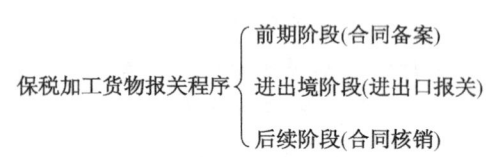

图 4-3

1. 企业应按照规定程序进行合同备案

企业办理加工贸易合同备案时(见图 4-4),应向海关提交的单证包括：

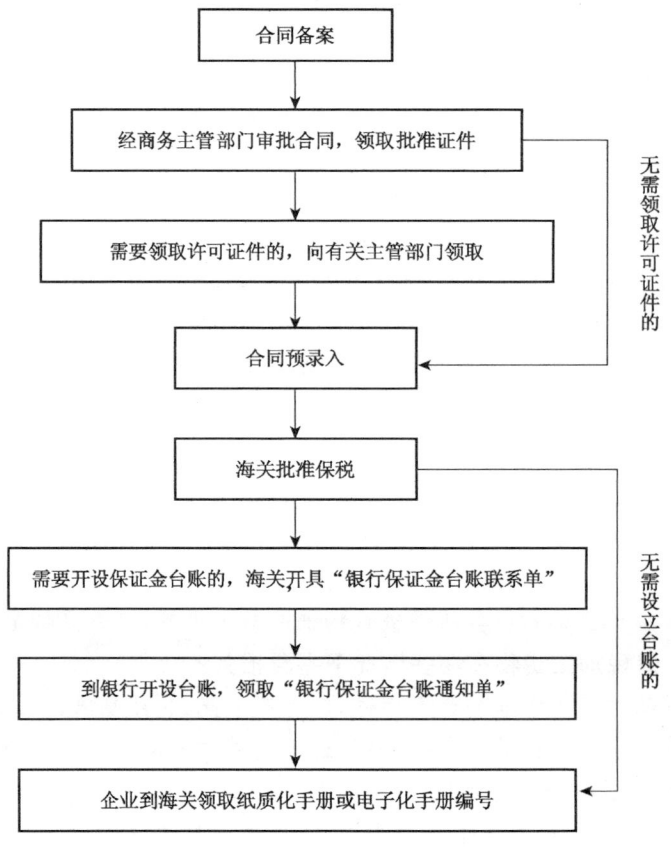

图 4-4 保税加工货物合同备案

(1) 商务主管部门按照权限签发的"加工贸易业务批准证"和"加工贸易企业经营状况和生产能力证明"。

(2) 加工贸易合同或合同副本。

(3) 加工贸易合同备案申请表及企业加工合同备案呈报表。

（4）属加工贸易国家管制商品的，需交验主管部门的许可证件或许可证件复印件，来料、进料加工进口料件除易制毒化学品、能够制造化学武器的化工品、成品油以外均可以在报关进口时免交验进口许可证。

进出口音像制品、进口工业再生废料，备案时也需要提供批准文件。

（5）为确定单耗和损耗所需提供的有关资料等。

2. 银行保证金台账

料件进口时未办理纳税手续，适用海关事务担保，具体担保手续按银行保证金台账制度执行。加工贸易银行保证金台账制度是指经营加工贸易的单位或企业凭海关核准的手续，按合同备案料件金额向指定银行申请设立加工贸易进口料件保证金台账，加工成品在规定的加工期限内全部出口，经海关核销合同后，再由银行核销保证金台账。10 000美元以上的加工贸易合同均需纳入加工贸易银行保证金台账制度管理。

银行海关对加工贸易项下的保税货物银行保证金台账的管理按照地区、企业、商品分类：

（1）地区分为东部和中西部。东部地区：辽宁省、北京市、天津市、河北省、江苏省、上海市、浙江省、福建省、广东省。中西部地区：东部以外的中国其他地区。

（2）加工贸易企业类别与收发货人审定类别相同，分成AA、A、B、C、D五类。

（3）商品分成禁止类、限制类、允许类三类。

加工贸易银行保证金台账管理制度如表4-1所示，不转是指不需要设台账，无需缴纳保证金；空转是指设立台账，但无需缴纳保证金；半实转是指需设立台账，并缴纳一半保证金；实转是指需设立台账，并缴纳全额保证金。

表4-1 加工贸易银行保证金台账管理制度

台账分类管理内容	禁止类商品		限制类商品		允许类商品	
	东部	中西部	东部	中西部	东部	中西部
AA类企业	不准开展加工贸易		空转		不转	
A类企业						
B类企业			半实转		空转	
C类企业			实转			
D类企业	不准开展加工贸易					
特殊监管区域企业	不准开展加工贸易		不转			

※ 为了简化手续，进口料件金额在10 000美元及以下的，AA类、A类、B类企业可以不设台账，即"不转"。

※ AA类、A类、B类企业进口金额在5 000美元及以下的列名的78种客供服装辅料，不仅可以不设台账即"不转"，还可以免领登记手册，但要向海关备案。

实训操作：

该任务中的货物属于加工贸易允许类产品，在备案时不需要申领进口许可证（来料、进料加工进口料件除易制毒化学品、能够制造化学武器的化工品、成品油以外均可以在报关进口时免交验进口许可证），所以在该笔货物备案时，应向海关提供：

（1）加工贸易合同。

（2）商务主管部门按照权限签发的"加工贸易业务批准证"和"加工贸易企业经营状况和生产能力证明"。

（3）加工贸易合同备案申请表及企业加工合同备案呈报表。

（4）为确定单耗和损耗所需提供的有关资料。

该任务属于 B 类企业从事加工贸易允许类产品的加工贸易,查表 4-1 台账管理属于"空转",即只设立台账,不交保证金。

【实训任务 4-1-2】

东部地区的一家 B 类企业进口料件备案金额为 20 000 美元,全部为限制进口类商品,该商品应交进口关税税率为 8%,进口环节增值税税率为 17%,汇率为 1∶6.1,计算应交银行保证金金额。

实训操作:

限制类产品银行保证金台账管理试行半实转,即缴纳一半的银行保证金。

应缴纳台账保证金 =(应纳关税税额 + 应纳增值税税额)× 50%
关税税额 = 20 000 × 6.1 × 8% = 9 760(元)
增值税税额 =(20 000 × 6.1 + 9 760)× 17% = 22 399.20(元)
应交保证金 =(9 760 + 22 399.20)× 50% = 16 079.60(元)

【实训任务 4-1-3】

东部地区的一家 B 类企业进口料件备案金额为 20 000 美元,其中,限制进口类料件金额为 10 000 美元,而在限制进口类料件中,有 5 000 美元料件以深加工结转方式进口,限制类商品应交进口关税税率为 8%,进口环节增值税税率为 17%,汇率为 1∶6.1,求应交银行保证金金额。

实训操作:

该情况下银行保证金管理实行"半实转",即应缴纳一半的银行保证金。计算前首先需确定非深加工结转限制进口类商品的金额为:

商品的金额 = 10 000 − 5 000 = 5 000(美元)
关税税额 = 5 000 × 6.1 × 8% = 2 440(元)
增值税税额 =(5 000 × 6.1 + 2 440)× 17% = 5 599.80(元)
应交保证金 =(2 440 + 5 599.89)× 50% = 4 019.95(元)

【实训任务 4-1-4】

某公司做五金件的加工贸易,进口铜棒加工成五金件,每根铜棒重 0.246 kg,可做出 24 pcs 成品,成品单重 0.008 6 kg。则在海关备案时,制成品的单耗、净耗和工艺损耗率分别是多少?

实训指南:

加工贸易单耗管理是加工贸易海关监管业务的核心工作,是海关对加工贸易企业进口保税料件加工生产成品实施备案、核查、核销的依据,是加工贸易合同审批和备案的基础数据,也是和合同核销的重要尺度。加工贸易单耗管理贯穿于海关监管业务的全过程。

《中华人民共和国海关加工贸易单耗管理办法》对单耗、净耗和工艺损耗的解释:

(1)加工贸易单耗也称单位耗料量,是指企业在正常条件下加工生产单位出口成品所耗用的进口保税料件的数量。单耗包括净耗和工艺损耗。

(2)净耗,是指加工生产中物化在单位出口成品中的加工贸易进口料件的数量(就是说最终的成品中含有多少的进口料件)。

(3)工艺损耗,是指因加工生产工艺要求,在生产过程中除去净耗外必须耗用,且不能完全物化在成品中的加工贸易进口料件的数量。

(4) 工艺损耗率＝工艺损耗/单耗。

由于　　　　单耗 ＝ 净耗 ＋ 工艺损耗 ＝ 净耗 ＋ 单耗 × 工艺损耗率

所以　　　　　　单耗 ＝ 净耗 /（1 － 工艺损耗率）

实训操作：

(1) 单耗＝原材料总量/成品总量＝0.246 kg/24＝0.010 25 kg。

(2) 净耗＝0.008 6 kg。

(3) 工艺损耗＝单耗－净耗＝0.001 65 kg。

(4) 工艺损耗率＝工艺损耗/单耗＝(0.001 65/0.102 5)×100％＝16.1％。

【实训任务 4-1-5】

上海申华进出口公司（加工贸易 A 类管理企业）从境外购进价值 10 000 美元的涤纶长丝一批（加工贸易允许类商品），委托浙江嘉兴嘉顺针织制品公司（加工贸易 B 类管理企业）加工生产出口袜子。该公司现向上海吴淞海关进行加工贸易合同备案，请问这种情况下是否需要设立银行保证金台账，如果海关准予备案，多大比例的进口料件可保税？

实训指南：

参看［实训任务 4-1-1］的实训指南。

实训操作：

东部地区的 A 类企业从事允许类产品的加工贸易，银行保证金台账实行"空转"，即只需设立台账，但无需缴纳保证金。加工贸易合同项下海关准予备案的料件，可享受全额保税。

【实训任务 4-1-6】

上海申华进出口公司（加工贸易 A 类管理企业）从境外购进价值 10 000 美元的涤纶长丝一批（加工贸易允许类商品），委托浙江嘉兴嘉顺针织制品公司（加工贸易 B 类管理企业）加工生产出口袜子，后经双方协商合同金额追加到 15 000 美元，请问这种情况下该公司应该做哪些合同备案变更？

实训指南：

首先，由于贸易性质不变，商品品种不变，合同变更金额小于 10 000 美元，这种变更不用经商务部门审批，直接到海关和银行办理变更手续。

实训操作：

变更前合同金额未超过 10 000 美元，不用设银行保证金台账，由于合同变更后合同金额超过了 10 000 美元，东部地区 A 类企业从事加工贸易允许类商品的加工，银行保证金台账实行的是"空转"，需要到海关进行合同变更，并到银行设立银行保证金台账，但不用缴纳保证金。

实训任务二　保税加工货物料件进口报关

【实训任务 4-2-1】

广州扬帆制衣有限公司（经营单位编码：4401213432），为履行产品的出口合同，故需要进口料件(商品编码:5309.2900)一批,该批货物于 2016 年 6 月 27 日抵港,运输工具于当天申报进境,随后,广州扬帆制衣有限公司委托广州丰凯报关行办理报检、报关等事宜,丰凯报关行受托之后,于 7 月 3 日向广州出入境检验检疫局办理相关商检手续,于 7 月 7 日持加工贸易手册(备案号:B51012300300)等相关单证向广州新风海关报关,法定计量单位为千克/米。海运费总价为 USD 200,保险费率为 0.3‰,该商品位列手册第 4 项。

配套单证如下:

(1) 发票 & 装箱单。

(1) SHIPPER/EXPORTER WIN MART CO., LTD. TAEPYUNG-RD CHUNG-KU SEOUL KOREA		(8) No. & DATE OF INVOICE WMO-9012S JUN 22,2016
(2) FOR ACCOUNT & RISK OF ESSRS MARUMURA CO., LTD. 8 SAKAE ICHINOMIYA AICHI JAPAN		(9) No. & DATE OF L/C LC301-65743 JUN 17, 2016
(3) NOTIFY PARTY MARUMURA CO., LTD. 8 SAKAE ICHINOMIYA * CONSIGNEE: TO OREDR AICHI JAPAN AND GUANGHOU YANGFAN CLOTHING CORP. LTD. XINGGANG BUS STOP, HUANGPU NEW AREA,GUANGZHOU CHINA		(10) L/C ISSUING BANK TOKAI BANK,LTD., THE NAGOYA JP
(4) PORT OF LOADING BUSAN, KOREA		
(5) FINAL DESTINATION GUANGZHOU, CHINA		(11) REMARKS: * L/C BASE AT SIGHT
(6) CARRIER MID STAR V-0123	(7) SALING ON OR ABOUT JUN. 24, 2016	

MARKS AND	DESCRIPTION OF GOODS	QUANTITY	UNIT PRICE	AMOUNT
MQ03E011-5 MADE IN KOREA L/#:101-115	ART. NO. WM-7119A DESCRIPTION 50%LINEN 505COTTON (棉麻布,50%棉,50%麻) CONTRACT No.: MQ03E011-5	3 878 MTS	USD 3.40/MT	FOB BUSAN USD 13 185.20

G. W   N. W
874 KGS   795 KGS

SAY 15 CTNS ONLY

(2) 提单。

BILL OF LADING

CONSIGNOR/SHIPPER WIN MART CO., LTD TAEPYUNG-RO CHUNG-KU SOUL KOREA		OUR BOOK No.： B/L No.： SSAX8FV0189
CONSIGNEE 　　TO ORDER OF SHIPPER		REMARKS： FOR DELIVERY OF GOODS PLEASE APPLY TO： AIR SEA TRANSPORT INC. FLOOR21, SHENYA FINANCIAL MANSION No. 895, YANAN ROAD (WEST)GUANGZHOU
NOTIFY PARTY MARUMURA CO., LTD. 1-1 1-8 SAKAE ICHINOMIYA AICHI JAPAN AND GUANGZHOU YANGFAN CLOTHING CORP. LTD. XINGANG BUS STOP HUANGPU NEW AREA, GUANGZHOU CHINA		
PRE-CARRIAGE BY	PLACE OF RECEIPT BUSAN, KOREA	P. R. CHINA
VESSEL/No. MID STAR	VOYAGE No. V-0123	TEL：89342343 ATTN：MS3ENGRET YE
PORT OF LOADING BUSAN, KOREA	PORT OF DISCHARGE GUANGZHOU	PLACE OF DELIVERY GUANGZHOU, CHINA
	PARTICULARS FURNISHED BY CONSIGNOR/SHIPPER	

MARKS	No. OF PKGS	DESCRIPTION OF GOODS	G.W	N.W	MEASUREMENT
	15CTNS		874 KGS	795 KGS	4.270 CBM
S/L No：MQ98E011-5 MADE IN KOREA C/#：101-115		SAID TO CONTAIN 3.878 MTS OF ART No. WM-7119A DESCRIPTION, 50%LINEN, 50%COTTON *L/C No：LC301-65743 PREIGHT PREPAID FIFTEEN(15)CARTONS ONLY			

ORIGINAL

EXCESS VALUE DECLARATION	
TOTAL NUMBER OF CONTAINERS OF PACKAGES(IN WORDS)	FREIGHT PAYABLE AT SEOUL, KOREA
FREIGHT & CHARGES FREIGHT AS ARRANGED	PREPAID　　COLLECT
PLACE AND DATE OF ISSUE SEOUL, KOREA JUN 24, 2016	No. OF ORIGINAL B/L THREE (3)

请根据以上资料，填写进口货物报关单。

实训指南：

参考实训项目二进出口报关单填制相关说明。

实训操作:

报关单填制如下:

中华人民共和国海关进口货物报关单

预录入编号:　　　　　　　　　　　　海关编号:

进口口岸 广州新风 5101		备案号 B51012300300	进口日期 20160627	申报日期	
经营单位 广州扬帆制衣有限公司 4401213432		运输方式 水路运输	运输工具名称/航次号 MID STAR/V-0123	提运单号 SSAX8FV0189	
收货单位 广州扬帆制衣有限公司 4401213432		贸易方式 来料加工	征免性质 来料加工	征税比例	
许可证号		启运国(地区) 韩国	装运港 釜山	境内目的地 广州市经济技术开发区	
批准文号		成交方式 FOB	运费 502/200/3	保费 0.3/1	杂费
合同协议号 MQ03E011-5		件数 15	包装种类 纸箱	毛重(千克) 874	净重(千克) 795
集装箱号 0		随付单据		用途 加工返销	
标记唛码及备注 MQ98E011-5 MADE IN KOREA C/♯:101-115					
项号	商品编号	商品名称、规格型号	数量及单位	原产国(地区)	单价　　　总价　　　币制　征免
01 04	5309.2900	棉麻布 (50%棉 50%麻)	795 千克 3 878 MTS	韩国	3.400 0　　13 185.20　　美元　全免
税费征收情况					
录入员　　录入单位		兹声明以上申报无讹并承担法律责任		海关审单批注及放行日期(签章)	
				审单　　　　　审价	
报关员				征税　　　　　统计	
		单位地址			
邮编　　　　电话		填制日期		查验　　　　　放行	

【实训任务 4-2-2】

广州粮油食品进出口公司(海关注册代码:4423010101)进口棕榈油(该商品属于自动进口许可证管理商品和法定检验检疫商品入境货物,通关单编号为 442300111007393000,自动进口许可证编号为 2366271),运载该批货物的运输工具于 2016 年 4 月 10 日申报进境。2016 年 4 月 16 日由广州粮油食品进出口公司在广州新风海关(关区代码:5101)自理报关,收货单位为广州番禺炼油厂(未在海关注册)。手册号为 C51018100663,该货物列手册第 4 项,提单号为 SSAX8FV0122,现有资料如下:

(1) 商业发票。

PROSPERITY TIEH ENTERPRISE CO., LTD
COMMERCIAL INVOICE

INVOICE NO.:03RB0302
DATE:MARCH 26,16

For Account OF Messrs GUANGZHOU GRAIN OIL IMP. &EXP. CO. LTD 421 DATAN ROAD GUANGZHOU CHINA 广州粮油食品进出口公司 企业编码:4423910101	Contract No.:AS806001B L/D No.:LG03/00010 ICBC BANK GUANGZHOU BEACH	
Port of Lading PENANG MALAYSIA	Destination GUANGZHOU, CHINA	
Name of Vessel KOTA VIJAYA/096	Sailing of Date MARCH 24,16	
Marks and Numbers of Package	Quantity & Description of Goods	Unit Price & Total Amount
AS806001B D/No 1~288 GUANGZHOU CHINA	LIQUID OIL MELTING POINT 19℃~24℃ HS CODE 15119010 计量单位:千克 QUANTITY:79 200.00 KG GROSS WEIGHT:80 352.00 KG PAKING:STANDARD EXPORT PAKING ORIGIN:MALAYSIA I:0.2%	USD 0.98/KG C&F GUANGZHOU CHINA TOTAL AMOUNT:77 616.00
	TOTAL AMOUNT SAY UNITED STATES DOLLARS SEVEN THOUSAND SIX HUNDRED AND SIXTEEN ONLY	

（2）装箱单。

PROSPERITY TIEH ENTERPRISE CO., LTD
PANCKING LIST

Contract No.: AS8006001B　　　　　　　　　　　　　　Date: MARCH 26, 16

Marks and No.	Description of goods	G.W	N.W
AS806001B D/No 1~288 GUANGZHOU CHINA	LIQUID OIL MELTING POINT 19℃~24℃	80 352.00	79 200.00 KG
CONTAINER NO	NO. OF CONTAINER/PACKING		
ISBU4409424/ TARE WGT 3 000 KG ISTU7197509/ TARE WGT 3 000 KG ISXU 485418/ TARE WGT 3 000 KG	288 DRUM 3 * 40' CONTAINER STC FREIGHT PREPAIDED		
TOTAL PACKAGES 288 DRUM		PACKING: STANDARD EXPORT PACKING	

请根据上述资料填写进口报关单。

实训指南：

根据手册编号可知，该货物为来料加工货物，属于自动进口许可证管理的产品和法检产品，但根据加工贸易的相关管理规定，在报关时不用交验自动进口许可证。所以，只需将入境货物通关单的代码和编号填写在随附单证一栏；另外，从装箱单上可知，该货物分三个集装箱装运，其他两个集装箱的信息应填写在备注栏。

实训操作：

报关单填制如下：

中华人民共和国海关进口货物报关单

预录入编号：　　　　　　　　　　　　　海关编号：

进口口岸 广州新风 5101	备案号 C51018100663	进口日期 20160410		申报日期
(B)经营单位 广州粮油食品进出口公司 4423910101	运输方式 水路运输	运输工具名称/ 航次号 KOTAVIJAYA/096		提运单号 SSAX8FV0122
收货单位 广州番禺炼油厂　No	贸易方式 进料对口	征免性质 503		征税比例
许可证号	起运国(地区) 马来西亚	装货港 槟城		境内目的地 广东省广州市其他
批准文号	成交方式 C&F	运费	保费 0.2/1	杂费
合同协议号 AS8006001B	件数 288	包装种类 桶	毛重(千克) 80 352	净重(千克) 79 200
集装箱号 ISBU4409424/40/3000	随附单证 A：4423001110 07393000		用途 加工返销	
(Q)标记唛码及备注 AS806001B D-NO.1-218 GUANGZHOU CHINA	ISTU7197509/40/3000 IAXU485418/40/3000			

项号	商品编号	商品名称、规格型号	数量及单位	原产国(地区)	单价	总价	币制	征免
01 04	1511.9090	棕榈油 熔点 19℃～24℃	79 200 千克	马来西亚	0.980	77 616.00	美元	全免

税费征收情况		
录入员　　录入单位	兹声明以上申报无讹并承担法律责任	海关审单批注及放行日期(签章)
		审单　　　　　审价
报关员 单位地址 邮编　　　　电话	申报单位(签章) 填制日期	征税　　　　　统计 查验　　　　　放行

实训任务三　保税加工货物成品出口报关

【实训任务 4-3-1】

货物棉纱线在出口中被列为出口加工贸易产品，该产品加工贸易的经营单位与加工企业为同一家企业即无锡宏达棉纺厂,海关注册代码为320291097。该批货物于2016年9月25日装船经上海港出口,运费为500美元,保费率为0.25%。前一日由上海运安货运有限公司(经营单位编码:3112980010)持进料加工贸易手册、纺织品临时出口许可证、出境货物通关单等必备单证向上海海关申报。计量单位:千克。相关单证如下:

(1) 商业发票。

COMMERCIAL INVOICE

TO: Bayer EVERWORK LIMITED
1 6/F KAISENG COMMCENTRE 4-6
RICH RD SAN FRANCISCO, CA, US

INVOICE No: SUWEBM0015
S/C NO. S/C: EW-2838
DATE: 2016/9/24

From SHANGHAI to SAN FRANCISCO Per DANH BHUM Voy. S009 Via YOKOHAMA JAPAN	
L/C No. 479010418212-k	Issued by CITY BANK OF NEW YORK

Marks and Numbers	Quantity And Description of goods	Unit Price	Amount
N/M	COTTON BLEND YARN ON CONE, 90% COTTON 10% RAYON MEASURING LESS THAN 83.33 DECITEX 24 BALES AT USD 565/BALES AS PER CONTRACT NO. EW-2838 HS CODE:52052800 1 BALES=1 CARTONS=400LBS PAKED IN 12 PALLETS WITH 24 CTNS	CIF SAN FRANCISCO	USD 12 995

WUXI HONGDA TEXTILE CO., LTD

(2) 装箱单。

Packing List

L/C No.:9010418212-k
S/C NO. S/C: EW-2838
B/L NO.: HACB8321850
TO:EVERWORK LIMITED
16/F KAISENG COMMCENTRE 4-6
RICH RD SAN FRANCISCO, CA, US

Inv No.: SUWEBM0015
Date: Sept 24,2016

Marks	Packages	Description	Net Weight	Gross Weight	Remarks
N/M		COTTON BLEND YARN ON CONE, 90% COTTON 10% RAYON MEASURING LESS THAN 83.33 DECITEX 24 BALES AT USD 565/BALES AS PER CONTRACT NO. EW-2838 HS CODE:52052800 1 BALES=1 CARTONS=400LBS PAKED IN 12 PALLETS WITH 24 CTNS	4 355 KGS	4 439 KGS	

(3) 20个栏目已填制的报关单。

中华人民共和国海关出口货物报关单

预录入编号：　　　　　　　　　　　　　　　海关编号：

出口口岸		备案号(A) C**********	出口日期		申报日期(B)	
经营单位(C) 上海运安货运有限公司 3112980010		运输方式 水路运输	运输工具名称(D) DANH BHUM/S009		提运单号(E) HACB8321850	
发货单位		贸易方式(G) 进料对口	征免性质(H) 503		结汇方式(I) L/C	
许可证号(F)		运抵国(地区)(J) 美国	指运港(K) 旧金山		境内货源地(L) 江苏无锡	
批准文号(M)		成交方式(N) CIF	运费(P) 502/500/3	保费(Q) 0.25	杂费	
合同协议号		件数(O) 24	包装种类	毛重(千克)	净重(千克)	
集装箱号		随付单据 B：*************			生产厂家 无锡宏达棉纺厂	
标记唛码及备注(R) N/M 5：**********						
项号(S)	商品编号	商品名称、规格型号(T)	数量及单位	原产国(地区)	单价	总价	币制	征免
01		棉纱线， 90%COTTON,10%RAYON MEASURING LESS THAN83.33 DECITEX 24包	4 355 千克	美国		565	USD	
税费征收情况								
录入员　　录入单位		兹声明以上申报无讹并承担法律责任		海关审单批注及放行日期(签章)				
				审单　　　　　审价				
报关员		单位地址		征税　　　　　统计				
邮编　　　　电话		填制日期		查验　　　　　放行				

请根据以上资料找出报关单中 A～T 项中填写错误的栏目。

实训指南：

(C)经营单位。所填报的经营单位"上海运安货运有限公司3112980010",其经营单位编码第6位是"8",这表示该单位的企业类型是报关企业。而报关企业不能作为经营单位填报在经营单位栏。仅凭此就可以判定该栏目填报错误。题目的文字资料已交代,经营单位和加工企业是一家,而在已填制的报关单中生产厂家栏目填有"无锡宏达棉纺厂"。该栏目已填并且不是考核的选项,在考核中可以看做是已知条件。因此,正确的经营单位是"无锡宏达棉纺厂3202911097"。

(L)境内货源地。上面已经提到生产厂家栏目填有"无锡宏达棉纺厂",不是考核选项,应看做是正确的填写,已知条件。其在考核中给出的目的就是用于填报境内货源地栏目。境内货源地应该是生产厂家的所在地。而在文字说明资料中还给出了该单位的经营单位编码"320291097"。根据该单位的名称带有"无锡"可以确定经营单位编码中的前四位"3202"表示"江苏无锡",而第5位"9"表示其他地区。因此可以得出境内货源地应填"江苏无锡其他"。而栏目中所给的填写"江苏无锡"是错误的,因为根据填报要求,境内货源地填报的地区名称应该和经营单位代码前5位的含义相同,而"江苏无锡"仅表达出了编码前4位的含义,第5位"9"(其他)的含义没有填写出来。

(F)许可证号。许可证号应填写纺织品临时出口许可证的编号。

(O)件数。发票及装箱单中都有写"PACKED IN 12 PALLETs WITH 24 CTIN",说明货物是装在24个纸箱后又装在了12个托盘上。对于既有成件的包装(此题为纸箱)又有托盘的情形,包装种类应该填"托盘",件数要填写"托盘数",这个填报要求一定要记住。因此给出的填报"24"是错误的。

(Q)保费费率的填写格式应为0.25/1。

(R)标记唛码及备注。文字说明资料中告知,报关时向海关递交了"纺织品临时出口许可证"和"出境货物通关单"两种监管证件。临时进口许可证应填写在许可证号一栏,而非随附单证一栏。

(S)项号。文字说明资料中已有说明是持进料加工贸易手册向海关申报的,说明该批货物是进料对口贸易方式下出口的加工贸易产品。因此,该产品一定是在手册中备案的。根据项号栏的填报要求,应该把该商品在手册中排列的序号填报在项号栏第二行,此题所给填报中没有填写是错误的。该题的资料中没有给出此出口商品在手册中的排列序号,我们无法确定正确的填写。

其他填报正确的栏目说明：

(D)(E)运输工具名称、提运单号。发票中所给的运输工具名称和提单号是载运货物离开我国口岸的运输工具名称及其提单号。虽然该批货物在日本的横滨发生中转,但不影响该栏目的填报。

(I)结汇方式。发票中给出了信用证号"L/C NO. 479010418212-K",说明该批货物的结汇方式是信用证。根据填报要求,填报结汇方式名称(中文名称)或代码或英文缩写都是正确的。

(J)(K)运抵国(地区)、指运港。虽然发票中显示该批货物在日本的横滨发生了中转,但发票的接受人(收货人)是一家美国公司(从发票的抬头内容中可以看到)。也就是说该批货物是我国的企业与一家美国的公司交易的,而不是与中转国日本的公司交易的。因此运抵国仍是最后运往的国家美国。而指运港不受中转的影响,是最终运抵的港口旧金山。

(N)(P)成交方式、运费、保费。发票中显示成交方式是CIF,对于出口货物来说,成交方式是CIF,运费、保费栏目都应该填写。题目所给填报都是正确的。

(T)数量及单位。发票中显示"24 BALES, AT USD 565/BALE",说明是以包成交,成交的数量是24包。而这24包商品对应的法定计量单位千克(文字说明资料中给出了法定计量单位是千克)下的数量应该是该商品的净重 4 335 千克。法定计量单位和数量填报在该栏目的第一行,而成交计量单位和数量填报在第三行。所给填报是正确的。

实训操作：

报关单填制错误的项目为：C, L, F, O, Q, R, S。

【实训任务 4-3-2】

黄埔创讯玩具有限公司(经营单位编码:4401920053)出口加工贸易合同项下(手册号:B52031345214)的玩具一批,该批玩具由黄埔创讯玩具厂生产,于 2016 年 3 月 25 日出口,发货单位与经营单位相同。该商品列于手册第 3 项,出境货物通关单为"B:××××××××××××××××××"。

(1) 发票。

黄埔创讯玩具有限公司
INVOICE

TO：WINNER LIMITED　　　　　　INVOICE NO.：000992
CONTRACT NO.：INVAC01
DATE：MAR．2016

SHIPPED PER BY SEA "BANU BHUM/S009"	SAILING ON MAR 25，2016
FROM HUANGPU TO HONGKONG	L/C NO：T/T
B/L NO：HACB8122148	

DESCRIPTION OF GOODS 货名	UNIT PRICE 单价	AMOUNT 金额	FAB COST 料件费	CMQ 工缴费
电动玩具火车 ELECTRONIC PACKAGES：4 CASES	CIF HONGKONG USD 10．00/PCS	USD 4 000．00 F：USD 300 I：USD 0．27	USD 3 500．00	USD 500

(2) 装箱单。

黄埔创讯玩具公司
Packing List

CONTRACT NO：INVAC01 TO：WINNER LIMITED		Inv No．：000992 Date：MAR 20，2016		
Marks	Description	Remarks	Gross Weight	NET WEIGHT
INVAC01	电动玩具火车	400 PCS	412 KG	386 KG
MADE IN CHINA C/NO：1-4	ELECTRONIC HS CODE：95031000 法定计量单位:千克			
TOTALLY 4 CASES ONLY				

(3) 部分栏目已填制好的报关单。

中华人民共和国海关出口货物报关单

预录入编号：　　　　　　　　　　　　　海关编号：

出口口岸		备案号(A) B52031345214	出口日期		申报日期	
经营单位		运输方式(B) 2	运输工具名称(C) DANU BHUM/S009		提运单号(D) HACB 8122148	
发货单位(E) 黄埔创讯玩具有限公司 4401920053		贸易方式(F) 进料对口	征免性质(G) 全免		结汇方式(H) 2	
许可证号		运抵国(地区)(I) 香港	指运港(J) 香港		境内货源地	
批准文号(K)		成交方式	运费(L) 502/300/3	保费(M) 0.27/1	杂费	
合同协议号		件数(N) 4	包装种类(O) 木箱	毛重(千克)	净重(千克)	
集装箱号		随付单据(P) B：************			生产厂家	
标记唛码及备注(Q) INVAC01 MADE IN CHINA C/NO:1-4						
项号 (R)	商品编号	商品名称、规格型号	数量及单位 (S)	原产国(地区) (T)	单价	总价	币制	征免
01 03			400 辆	中国香港				
税费征收情况								
录入员	录入单位	兹声明以上申报无讹并承担法律责任		海关审单批注及放行日期(签章)				
				审单		审价		
报关员			单位地址	征税		统计		
邮编		电话	填制日期	查验		放行		

请找出上面报关单填制的 20 个栏目中，填制错误的栏目。

实训指南：

(F) 贸易方式。手册号为 B 开头，因此贸易方式栏应填来料加工或其代码 0214。

(G)"征免性质"。不能跟"征免"栏混淆。"征免"栏填"全免"。"征免性质"填"来料加工"或"502"。

(I)运抵国(地)。根据国别地区代码表,应填"中国香港"。

(P)本题属于来料加工出口成品,报关单的备注栏应包括有料件费和工缴费的金额。

(S)数量及单位。第一法定单位为千克,第一行应填××千克,不能填辆。正确的填写应为:

386千克(第一行)

400辆(第三行)

实训操作:

错误的项目为F、G、I、P、S。

实训任务四 其他保税加工货物报关

【实训任务4-4-1】

某加工贸易经营单位欲将其加工合同项下部分皮鞋残次品内销,内销协议编号为BNX20110087。现有资料如下:

(1)内销征税联系单。

加工贸易保税货物内销征税联系单

申报号:B52130150928P0002　　　　　　　　　　　　　联系单号:B52130150928N0002

经营单位名称	东莞市海德进出口公司	经营单位编号	4419960126	加工单位名称	东莞顺兴鞋厂	加工单位编号	44199BA199
备案类型	电子手册	备案号	B52130150567	内销种类	折料件内销	内销批准证号	
主管海关	浦长安办	外网编号	777173	操作员姓名	***	操作员卡号	*****
有效期		申报日期	2016-06-15	申报日期	2016-09-11		

序号	项号	商品编码	商品名称	规格型号	币制	法定数量申报数量	法定单位申报单位	法定单价申报单价	成交总价	原产国	备注
1	1	5903202090	PU人造革	/0.1~3 KG/平方米;涂布;聚氨酯70%涤纶20%棉10%	人民币	25.0000 50.0000	千克 米	30.0000 15.0000	750.00	印度	
							企业签字: 打印日期:2016-06-21				

(2) 货物进境时的报关单。

中华人民共和国海关进口货物报关单

预录入编号：　　　　　　　　　　　　海关编号：

进口口岸 皇岗海关 5301		备案号 B52130150567	进口日期 20151023	申报日期 20151023
经营单位 东莞市海德进出口公司 4419960126		运输方式 公路运输	运输工具名称/航次号 @1000411327302	提运单号 粤 ZBJ22G
收货单位 东莞顺兴鞋厂　44199BA199		贸易方式 来料加工	征免性质 来料加工	征税比例
许可证号		启运国(地区) 中国香港	装运港 香港	境内目的地 广东东莞其他
批准文号	成交方式 CFR	运费	保费 0.3/1	杂费
合同协议号 2010084G00057	件数 82	包装种类 其他	毛重(千克) 670	净重(千克) 650
集装箱号 FSCU6675269/20/ ****	随付单据		用途 加工返销	
标记唛码及备注				

项号	商品编号	商品名称、规格型号	数量及单位	原产国(地区)	单价	总价	币制	征免
01 01	59032020.90	PU 人造革 /0.1～3 KG/平方米；涂布；1 300 米 聚氨酯 70% 涤纶 20% 棉 10%	650 千克	印度	20.000 0	26 000.00	港币	全免

税费征收情况			
录入员　　录入单位	兹声明以上申报无讹并承担法律责任	海关审单批注及放行日期(签章)	
		审单	审价
报关员	单位地址	征税	统计
邮编　　　电话	填制日期	查验	放行

请根据以上资料填制皮鞋残次品内销时的进口报关单。

中华人民共和国海关进口货物报关单

预录入编号：　　　　　　　　　　　　　海关编号：

进口口岸(1)	备案号(2)	进口日期	申报日期
经营单位(3)	运输方式(4)	运输工具名称(5)	提运单号(6)
收货单位	贸易方式(7)	征免性质(8)	征税比例
许可证号	启运国(地区)(9)	装运港(10)	境内目的地
批准文号	成交方式(11)	运费(12)	保费(12)	杂费
合同协议号	件数	包装种类	毛重(千克)	净重(千克)
集装箱号	随付单据(13)		用途(14)	

标记唛码及备注(10)

项号(15)	商品编号(16)	商品名称、规格型号(16)	数量及单位(17)	原产国(地区)(18)	单价(19)	总价(19)	币制(19)	征免(20)

税费征收情况

录入员　　录入单位	兹声明以上申报无讹并承担法律责任	海关审单批注及放行日期(签章)
报关员		审单　　　　审价
	单位地址	征税　　　　统计
邮编　　　　电话	填制日期	查验　　　　放行

实训指南:

(1) 内销货物应填报接受内销申报的海关名称及代码,而不是料件进境时的海关名称及代码。

(2) 加工贸易项下保税货物内销,内销进口报关单"备案号"栏目应填报内销货物所属加工贸易手册编号。

(3) 该批内销残次品所属加工贸易业务经营单位为"东莞市海德进出口公司",同一料件,申报进口阶段和进口后申报内销阶段(包括料件形态及成品、半成品、残次品折算料件),报关单"经营单位"栏目均应填报海德公司。

(4) 内销货物所填报关单属无实际进出境,从资料中可知相关加工贸易企业海关注册编码第五位均为9,说明企业位于境内一般地区,既不是海关特殊监管区域,也不是保税监管场所,所以该栏目应填报为"其他运输"(如果涉及海关特殊监管区域或保税监管场所,应结合具体情况填写)。

(5) 非实际进出境货物,报关单"运输工具名称""航次号"栏目均免于填报。

(6) 非实际进出境货物,"提运单号"栏目免于填报。

(7) 加工贸易加工过程中产生的残次品,经批准转为国内销售的,应填制进口报关单,按照单耗关系折算残次品所含原进口料件向海关申报"料件内销"相关贸易方式,根据资料中的备案号首位标记为"B"可知该批货物属于来料加工项下,因此内销报关单"贸易方式"应填报为"来料料件内销"。

(8) 加工贸易下残次品申请内销,应该按照单耗关系折算所含原进口料件向海关正常申报纳税,不再属于保税货物范围,也与减免税无关,"征免性质"栏目应填报为"一般征税"。

(9) 非实际进出境货物,报关单"起运国(地区)"均填报为"中国"。

(10) 非实际进出境货物,"装运港"均填报为"中国境内"。

(11) 无实际进出境货物,进口成交方式一律填报 CIF,出口成交方式一律填报 FOB,或其代码。

(12) 无实际进出境货物,成交方式填报 CIF,所以运费和保费均免于填报。

(13) 加工贸易项下货物内销,报关单"随附单证"栏目应填报为海关核发的"内销征税联系单",本栏目的填写格式为"监管证件代码+监管证件编号","内销征税联系单"的代码为"c"。

(14) 加工贸易项下保税加工货物转内销,报关单"用途"栏目应填报为"其他内销"。

(15) 报关单中的一项商品项号分两行填报,第一行填报报关单中该商品的顺序编号,第二行专用于加工贸易、减免税和实施原产地证书联网管理等已备案、审批的货物,填报这些货物在加工贸易手册中的备案号、征免税证明备案项号或原产地证书上的对应商品项号。加工贸易项下保税加工货物内销,项号第二行应填报该料件在加工贸易手册中的备案项号"01"。

(16) 加工贸易项下残次品内销,折算为对应数量原进口料件向海关申报,内销报关单"商品编号"和"商品名称、规格型号"栏目应填报原进口料件的信息。

(17) "数量及单位"栏目应和"内销征税联系单"栏目一致。保税成品、半成品或残次品内销,应将其换算成料件的信息来填报报关单。所以,虽然内销的货物是皮鞋残次品,但报关单中填报是 PU 人造革这种料件的信息。

(18) 加工贸易剩余料件内销,"原产国(地区)"栏目填报料件的原实际生产国,加工贸易成品(包括半成品、残次品、副产品)转内销,"原产国(地区)"栏目均填报为"中国"。

(19) "单价""总价""币制"等栏目应填报为"15元/米"。保税货物内销,应以内销申报时的价格来填报报关单的相应项目。

(20) 加工贸易项下的货物转内销,其性质从保税货物转变为一般进口货物,"征免方式"相目应填报为"一般征税","征免性质"栏目应填报为"照章征税"。

实训操作:

报关单相应 20 个栏目应填制如下:

中华人民共和国海关进口货物报关单

预录入编号:　　　　　　　　　　　　海关编号:

进口口岸(1) 埔长安办 5213	备案号(2) B52130150567		进口日期		申报日期	
经营单位(3) 东莞市海德进出口公司 4419960126	运输方式(4) 其他运输		运输工具名称(5)		提运单号(6)	
收货单位	贸易方式(7) 来料料件内销		征免性质(8) 一般征税		征税比例	
许可证号	启运国(地区)(9) 中国		装运港(10) 中国境内		境内目的地	
批准文号	成交方式(11) CIF	运费(12)		保费(12)	杂费	
合同协议号	件数	包装种类		毛重(千克)	净重(千克)	
集装箱号	随付单据(13) c: B52130150928N0002				用途(14) 其他内销	
标记唛码及备注						

项号 (15)	商品编号 (16)	商品名称、规格型号 (16)	数量及单位 (17)	原产国(地区) (18)	单价 (19)	总价 (19)	币制 (19)	征免 (20)
01 01	59032020.90	PU 人造革 /0.1~3 KG/平方米;涂布; 聚氨酯70%涤纶20%棉10%	25 千克 50 米	中国	15.000 0	750.00	人民币	照章征税

税费征收情况		

录入员　　录入单位	兹声明以上申报无讹并承担法律责任	海关审单批注及放行日期(签章)	
		审单	审价
报关员		征税	统计
邮编　　　电话	单位地址 填制日期	查验	放行

【实训任务 4-4-2】

晶达电子(苏州)有限公司(经营单位编码:3205341319)从宁波富瑞电子科技有限公司(经营单位编码:3302542327)购入液晶电视机用零件(法定计量单位:千克)一批,用于加工外销液晶电视机成品。现有资料如下:

(1) 发票和装箱单。

NINGBO FOURY TECH INDUSTRIES CO., LTE
PO BOX 315×××, NO. 13 TIAN SHAN LU, NINGBO EXPORT PROCESSING ZONE
ZHEJIANG CHAINA

INVOICE & PACKING LIST

INVOICE NO: FK100215 **DATE**: 2010/04/07   date: 2016/04/07
P. O. NO: CD100215
SHIP TO: AMTRAN ELECTRONIC CO., LTD
        NO. ××× KOMFENG ROAD, SUZHOU NEW DISTRICT, JIANGSU, GHINA
        TEL: 0512-66655××× FAX: 0512-66655×××
BILL TO: AMTRAN ELECTRONIC CO., LTD
        NO. ××× JINFENG ROAD, SUZHOU NEW DISTRICT, JIANGSU, CHINA
        TEL: 0512-66655××× FAX: 0512-66655×××
FROM NINGBO, ZHEJIANG   **TO** SUZHOU, JIANGSU
Shipped per: TRUCK   SAILING ON OR ABOUT: _____

DESCRIPTION	QTY	G. W.	N. W.	UNIT	PRICE
40 液晶电视用前框 180101276020	464 PCS	1 002.2 KGS	920.25 KGS	USD 47.75	USD 22 156.00
40 液晶电视用后壳 170102231020	462 PCS	2 144 KGS	1 982.67 KGS	USD 52.72	USD 24 356.64
TOTAL	926 PCS	3 149.5 KGS	2 903.17 KGS		USD 46 512.64

SAY GORTY SIX THOUSAND FIVE HUNDRED AND TWELVE DOLLARS AND SIXTY FOUR CENTS ONLY.
TOTAL PACKED IN: 22PALLETS

                                NINGBO FOURY TECH INDUSTRIES CO., LTD
                                _____
                                                    Authorize signature

(2) 深加工结转申请表。

中华人民共和国海关加工贸易保税货物/出口加工区货物深加工结转申请表

申请表编号:p10000006487 电子口岸统一编号:000000000000608735 打印日期:2016-4-8

转出地申报						转入地申报					
转出企业	宁波富瑞电子科技有限公司	主管海关	甬加工区(3111)	转出地	浙江宁波出口加工区	转入企业	晶达电子(苏州)有限公司	主管海关	苏州海关(2303)	目的地	苏州高新技术产业开发区
转出企业内部编号	RA-100201-002	转出批准证编号		人工审批		转入企业内部编号	FJ100223	转入批准证编号		人工审批	
转出企业法人联系电话	***********	转出申报企业		宁波富瑞电子科技有限公司		转出企业法人联系电话	**************	转入申报企业		晶达电子(苏州)有限公司	

(续表)

申报日期	2016-2-23	审批日期		申报日期	2016-2-23	审批日期	
申报表类型	出口加工区货物深加工结转	企业合同号	RZ-100201-002	送货距离（千米）		预计运输耗时（天）	

结转进口货物情况

序号	商品项号	商品名称	规格型号	计量单位	数量	法定单位	法定数量	转出序号	转入手册号
1	8529908100	前框/液晶电视机用	液晶电视机用	个	2 000	千克	3 966.60	1	E23036000191
2	65	后壳/液晶电视机用	液晶电视机用	个	2 000	千克	8 583	2	E23036000191

结转出口货物情况

序号	商品项号	商品名称	规格型号	计量单位	数量	法定单位	法定数量	转出手册号
1	1366	前框/40 液晶电视机用		个	2 000	千克	3 966.60	E31117000142
2	1367	后壳/40 液晶电视机用		个	2 000	千克	8 583.	E31117000142

（3）结转收发货单。

保税货物/出口加工区货物深加工结转收发货单

收发货单海关编号：P1000000647870001　　　　　　　　发货企业内部编号：RZ20100408
电子口岸统一编号：0000000000678669　　　　　　　　发货企业内部编号：FJ100409

发货企业名称	宁波富瑞电子科技有限公司			收获企业名称		晶达电子苏州有限公司	
发货时间	收货时间		运输工具类别	运输工具编号	销合同号或订单号		条形码/验证购码
2016-4-8	2016-4-8		***	***	***		***

实际收货情况

序号	申请表序号	发货序号	项号	商品编码	商品名称	规格型号	交易数量	交易单位	申报数量	收货人签章	转入手册号
1	1	1	69	8529908100	前框/液晶电视用	液晶电视机用	464	个	464		E23036000191
2	2	2	65	8529908100	后壳/液晶电视用	液晶电视机用	462	个	462		E23036000191
标志显示区					海关签注						
备注											

实际发货情况

序号	申请表序号	项号	料号	商品编码	商品名称	规格型号	交易数量	交易单位	申报数量	收货人签章	转出手册号
1	1	1366		8529908100	40"液晶电视机用前框		464	个	464		H31117000142
2	2	1367		8529908100	40"液晶电视机用后壳		462	个	462		H31117000142
标志显示区					海关签注						
备注											

请以晶达公司的名义完成结转进口报关单以下 1~20 个栏目的填制。

中华人民共和国海关进口货物报关单

预录入编号： 　　　　　　　　　　　海关编号：

进口口岸(1)		备案号(2)		进口日期		申报日期	
经营单位(3)		运输方式(4)		运输工具名称(5)		提运单号(5)	
收货单位		贸易方式(6)		征免性质(7)		征税比例	
许可证号		启运国(地区)(8)		装运港(8)		境内目的地(9)	
批准文号(5)		成交方式(10)	运费		保费		杂费
合同协议号		件数(11)	包装种类(11)		毛重(千克)		净重(千克)
集装箱号(5) 0		随付单据			用途		
标记唛码及备注(12)							

项号(13)	商品编号	商品名称、规格型号	数量及单位(14)	原产国(地区)(8)	单价	总价	币制(8)	征免

税费征收情况

录入员　　录入单位	兹声明以上申报无讹并承担法律责任	海关审单批注及放行日期(签章)
		审单　　　　审价
报关员		征税　　　　统计
	单位地址	
邮编　　　电话	填制日期	

实训指南:

根据资料可知,该批电视机零件自宁波出口加工区内的福瑞公司出区深加工结转,至苏州晶达公司,属于非实际进出境货物。晶达公司位于苏州高新技术产业开发区,高新技术开发区并非海关特殊监管区域,因此晶达公司属于境内一般区域。宁波福瑞公司应填制"出境货物备案清单"做结转出口报关,苏州晶达公司填制进口货物报关单做结转进口报关。本任务是以晶达公司的身份填写进口货物报关单做结转进口报关。申报表上的货物分批发货,该任务中的发票、装箱单、收发货表是其中的一批货物的资料。

相关栏目解析如下。

(1) 根据相关规定,出口加工区内保税货物出区深加工结转,有两种情况:①转入企业也是位于海关特殊监管区域,则两家企业在各自的主管海关报关。②转入企业位于境内一般区域,则转入、转出企业都在转出企业所在的出口加工区的主管海关报关。

任务中的情况属于第二种情况,所以无论是宁波福瑞公司的结转出口报关,还是苏州晶达公司的结转进口报关,都在宁波出口加工区的主管海关报关,根据资料,可知其关区代码应填报为"3111"。

(2) 加工贸易深加工结转转入企业所填写的进口报关单,其"备案号"栏目应填报转入手册编号。本任务中即填报苏州晶达公司的电子账册编号,根据资料,其编号为"E23036000191"。

(3) 晶达公司填写结转进口报关单,该栏目应填报为"晶达公司企业中文全名+企业10位数海关注册编码"。

(4) 国内两家从事加工贸易的企业之间进行深加工结转,属于非实际进出境货物,对于出口加工区与境内区外往来货物海关有专用运输方式,应填报为"出口加工区"(代码"Z")。

(5) 非实际进出境货物,运输工具名称、提运单号均免于填报,非实际进出境货物采用非集装箱运输的,本栏目填报"0",非实际进出境货物采用集装箱运输的,本栏目免于填报。从题目中资料并无集装箱号信息出现,因此应填报为"0"。

(6) "贸易方式"栏目填报为"进料深加工"。

(7) 深加工结转贸易方式无对应征免性质,本栏目免于填报。

(8) 无实际进出境的货物,起运国(地区)、原产国(地区)均填报"中国"(代码142),装运港填报"中国境内"(代码142),但本任务中业务从发票上来看是以美元结算的,所以币值应填报USD或其代码"502",而非RMB或其代码"142"。

(9) "境内目的地"栏目填报为"苏州高新技术产业开发区"。

(10) 所有非实际进出境货物,该栏目均填报为"CIF"或"1"。

(11) 装箱单上显示,货物装载于"22 PALLET",即22个托盘中,因此,托盘式该批货物的包装种类,对应数量为"22"。

(12) 深加工结转进口报关单,应将对应的转出手册编号填写在"标记唛码及备注"栏中,本任务中即是转出企业宁波福瑞公司的电子账册号。

(13) 加工贸易报关单的项号分两行,第一行是商品在报关单中的序号,如"液晶电视机用后壳"在报关单中作为第二项填报,"项号"第一行为"2";第二行是商品在加工贸易手册中的序号,从"收发货单"中可以看出该货物在晶达公司的电子账册中的"项号"为"65"。

(14) 从题目中可知,该货物法定计量单位为"千克",申报单位为"个",第一行为法定单位和数量,第三行为申报单位和数量。根据装箱单中的数据填报。

实训操作:

报关单相关栏目填制如下:

中华人民共和国海关进口货物报关单

预录入编号：　　　　　　　　　　　海关编号：

进口口岸(1) 甬加工区 3111	备案号(2) E23036 000191		进口日期	申报日期
经营单位(3) 晶达电子(苏州)发展有限公司 3205341319	运输方式(4) 出口加工区		运输工具名称(5)	提运单号(5)
收货单位	贸易方式(6) 进料深加工		征免性质(7)	征税比例
许可证号	启运国(地区)(8) 中国		装运港(8) 中国境内	境内目的地(9) 苏州高新技术产业开发区
批准文号(5)	成交方式(10) CIF	运费	保费	杂费
合同协议号	件数(11) 22	包装种类(11) 托盘	毛重(千克)	净重(千克)
集装箱号(5) 0	随付单据			用途
标记唛码及备注(12) H31117000142				

项号(13)	商品编号	商品名称、规格型号	数量及单位(14)	原产国(地区)(8)	单价	总价	币制(8)	征免
01 69		前框/ 40"液晶电视用	920.25 KG 464 个	中国	47.750 0	22 152.00	美元	
02 65		后壳/ 40"液晶电视用	1 982.67 KG 462 个	中国	52.72	24 356.64	美元	

税费征收情况			
录入员　　　录入单位	兹声明以上申报无讹并承担法律责任	海关审单批注及放行日期(签章)	
		审单	审价
报关员	单位地址	征税	统计
邮编　　　电话	填制日期	查验	放行

【实训任务 4-4-3】

安徽桐城某公司与外方签约开展来料加工业务，双方在加工贸易合同（编号：117080224S）中约定，由境外厂商免费提供加工生产所需设备一批。设备进口前已在主管海关办理相关备案手续，现部分设备（法定计量单位均为千克，监管条件无）已运抵上海口岸，在进境地海关办理进口申报手续。

上海海关部分关区代码如下：

上海海关 2200	浦东海关 2210
泸机场关 2203	浦东机场 2233

请找出上面报关单中填写错误的 5 处。
（1）空运提单。

999						999—				
Shipper's Name and Address		Shipper's Account Number				Not Negotiable **AIR WAYBILL** ISSUED BY				
TECHNICA-FUKUI CO., LTD						Copies 1, 2 and 3 of this Air Waybill are originals and have the same validity.				
Consignee's Name and Address		Consignee's Account Number				It is agreed that the goods described herein are accepted for carriage in apparent good order And condition (except as noted) and SUBJECT TO THE CONDITIONS OF CONTRACT ON THE REVERSE HEREOF. ALL GOODS MAY BE CARRIED BY AND OTHER MEANS INCLUDING ROAD OR ANY OTHER CARRIER UNLESS SPECIFIC CONTRARY INSTRUCTIONS ARE GIVEN HEREON BY THE SHIPPER. THE SHIPPER'S ATTENTION IS DRAWN TO THE NOTICE CONCERNING CARRIER'S LIMITATION OF LIABILITY. Shipper may increase such limitation of liability by declaring a higher value for carriage and paying a supplemental charge if require D.				
TONG CHENG *** ELECTRONICS CO., LTD WANXI ROAD, TONG CHENG CITY, ANHUI PROVICE, CHINA TEL: ***-********										
Issuing Carrier's Agent Name and City						Accounting Information				
KANAZAWA SAI（901-301） NIPPON EXPRESS CO., LTD						FREIGHT PREPAIDED D= .7(.107520 M3)				
M. A. W. B 999-9263 8851										
Airport of Departure (Airway Bill of First Carrier) and Requested Routing KIX-PVG										
To	By First Carrier Routing and Destination	To	By	To	By	Currency	CHGS Code	WT/VAL	Other	Declared Value for Carriage	Declared Value for Customs
								PPD	COLL	PPD	COLL		
						JPY		×		×		NVD	

（续表）

Airport of Destination	Flight/Date For carrier Use Only Flight/Date		Amount of Insurance	INSURANCE-If Carrier offers insurance, and such insurance is requested in accordance with the conditions thereof, indicate amount to be insured in figures in box marked "Amount of Insurance."		
PU DONG	CA1064/67		×××			
Handing Information						

No of Pieces RCP	Gross Weight	Kg Lb	Rate Class / Commodity Item No.	Chargeable Weight	Rate / Charge	Total	Nature and Quantity of Goods(incl. Dimensions or Volume)
1	3.0	K	N	18.0 040* 056*	048	13 770	INVOICE NO.: 117080224S11 ORGINAL:JAPAN
CASE MARK C&H 117080224S C/NO. 1 MADE IN JAPAN					765 *001		

Prepaid Weight Charge Collect		Other Charges
13 770		MYC:1296
Valuation Charge		AMS:500
		INVOICE P'KING LIST DECLARATION ATTACHED
Tax		
Total other Charges Due Agent		Shipper certifies that the particulars on the face hereof are correct and that insofar as any part of the consignment contains dangerous goods, such part is properly described by name and is in proper condition for carriage by air according to the applicable Dangerous Goods Regulations.
Total other Charges Due Carrier		
1796		
		Signature of Shipper or his Agent
Total Prepaid	Total Collect	, KAZAWANA, JAPAN
15 566		
Currency Conversion Rates	CC Charges in Dest. Currency	
		Executed on (date) at(place) Signature of Issuing Carrier or its Agent
For Carrier's Use only at Destination	Charges at Destination	Total Collect Charges 999—

(2) 发票 & 装箱单。

INVOICE & PACKING LIST	TECHNICA-FUKUI CO., LTD 87-1, TOTANI-CHO, ECHIZEN, FUKUI, JAPAN TEL:778-25-6712 FAX:778-25-6716
INVOICE No. 117080224S11	DATE: 24-FEB-11
SOLD TO: TONGCHENG ××× ELECTRONICS CO., LTD. WANXI ROAD, TONGCHENG CITY, ANHUI PROVINCE, CHINA TEL:86-556-6699××× FAX:86-556-6699×××	PRICE TERM:F.O.B. KANSAI FREIGHT: ORIGIN:JAPAN

SHIPPED FROM KANSAI, JAPAN TO SHANGHAI, CHINA PER AIR CRAFT

C/NO.	DESCRIPTION	QUANTITY	UNIT PRICE	AMOUNT	N/W	G/W
	MATERIALS FOR PICK-UP OF DVD PLAYER					
1	SENSOR 191-212	20 PCS	72.00	JP¥1 440.00	0.3 KGS	
	METAL SPONGE 599-029	20 PCS	162.00	3 240.00	0.6 KGS	
				(NO COMMERCIAL VALUE)		
TOTAL:1 CTN				JP¥4 680.00	0.9 KGS	3.0 KGS

MARKS & NOS. C&H 117080224S C/NO.1 MADE IN JAPAN	TECHNICA-FUKUI CO., LTD _____ AUTHORIZED SIGNATURE

(3) 填写了20个项目的报关单。

中华人民共和国海关进口货物报关单

预录入编号：　　　　　　　　　　　　　海关编号：

(1)进口口岸 浦东机场2233		(2)备案号 B××××××××××		进口日期		申报日期	
经营单位		(3)运输方式 5		(4)运输工具名称 CA1064		(5)提运单号 NEC91036282	
收货单位		(6)贸易方式 0322		(7)征免性质 501		征税比例	
许可证号		(8)起运国(地区) 116		装货港		境内目的地	
批准文号		成交方式		(9)运费 116/15566/3		保费	(10)杂费
(11)合同协议号 117080224S		件数		包装种类		(12)毛重(千克) 3	(13)净重(千克) 0.9
(14)集装箱号 0		(15)随附单据				(16)用途 企业自用	
标记唛码及备注							
项号 (17)	商品编号	商品名称、规格型号	数量及单位 (18)	原产国(地区)	单价 (19)	总价	币制	征免 (20)
1		温湿度敏感器 191-212	0.3千克 20个		72.00			全免
2		钢丝球 清洗烙铁头用 599-029;	0.6千克 20个		162.00			
税费征收情况								
录入员　　录入单位		兹声明以上申报无讹并承担法律责任			海关审单批注及放行日期(签章)			
					审单　　　　　审价			
报关员 单位地址		申报单位(签章)			征税　　　　　统计			
邮编　　　　电话		填制日期			查验　　　　　放行			

实训指南：

　　加工贸易不作价设备是指与加工贸易经营企业开展加工贸易的境外厂商在加工贸易合同项下,免费提供给境内经营企业的加工生产所必需的设备。包括来料加工和进料加工项下进口的不作价设备,可以由境外厂商免费提供,也可以是向境外厂商免费借用(临时进口不超过半年的单件的模具、机器除外)。其特点在于进口设备的一方不能以任何方式,任何途径,包括用工缴费扣付、出口产品减价等方式来偿付提供设备的一方设备价款或租金。加工贸易不作价设备在进口时免征关税,但需要缴纳进口环节代征税。

相关栏目解析如下。

（2）备案号填写错误。加工贸易项下不作价设备进口，需要先在海关备案，其备案号是以"D"开头，不是以"B"开头。

（5）提运单号填写错误。该批货物空运进境，在进境地海关办理进口报关，非转关运输货物，题目中已提供分提单号"NEC 9103 6280"为分提单号，"M. A. W. B:999-9263-8851"提示了主提单号。根据相关填报要求，"提运单号"一栏应填报为"主提单号-分提单号"，所以正确的应填报为"99992638851-91036280"。

（13）净重填写错误。装箱单上显示商品净重为0.9千克。但根据规定，净重应该大于或等于1千克，不足1千克的填报1千克。所以该栏目应填报为"1"。

（17）加工贸易项下进口不作价设备，必须先在海关进行备案，进口报关单项号一栏，第一行填报该货物在报关单中的顺序，第二行填报备案手册中的备案项号。

（20）征免方式填写错误，进口《外商投资项目不予免税的进口商品目录》中所列商品外的不作价设备，且符合条件的，免征进口关税，但进口环节增值税照章征收。报关单"征免"栏目应填报为"特案"。

实训操作：

填写错误的项目有（2）（5）（13）（17）（20）。

实训任务五　保税加工货物核销

【实训任务 4-5-1】

DB集团2012年至2014年7月共使用原料A44 189.709公吨，原料B5 801.946公吨，原料C8 019.622公吨，实际生产某产品30 948.775公吨，2012年至2014年海关进料加工手册原料A数量为45 440.088公吨，另2014年销售3 496.07公吨及转一般贸易477.476公吨（以上已补交相关税金）。实际出口产品为13 539.875公吨，转内销产品为9 176.213公吨，请确认该企业需要补交的A原料剩余料件的数量。

实训指南：

加工贸易项下进口的保税料件，只要其保税性质不变，海关就要对其进行监管，要了解每一单位料件的去向，并最终进行核销。

加工贸易合同报核是指加工贸易企业在加工贸易合同履行完毕或终止合同并按规定对未出口货物进行处理后，按照规定的期限和规定的程序，向加工贸易主管海关申请核销、结案的行为。核销是指加工贸易经营企业加工复出口或者办理内销等海关手续后，凭规定单证向海关申请解除监管，海关经审查、核查属实且符合有关法律、行政法规、规章的规定，予以办理解除监管手续的海关行政许可事项。

经营企业应当在规定的期限内将进口料件加工复出口，并自加工贸易手册项下最后一批成品出口或者加工贸易手册到期之日起30日内向海关报核。海关对电子化手册核销的基本目的是掌握企业在某个电子化手册下所进口的各项加工贸易保税料件的使用、流转、损耗的情况，确认是否符合以下的平衡关系：

进口保税料件（含深加工结转进口）＝［出口成品折料（含深加工结转出口）－退运成品折料］
　　　　　　　　　　　　　＋内销料件＋内销成品折料＋剩余料件＋损耗

企业需要对剩余料件补缴税款。

实训操作：

本任务中的核心问题是剩余料件的计算，在计算剩余料件时，需要计算成品折料，成品折料＝成品数量×成品单耗。该企业在生产产品的过程中用到了 A、B、C 三种原料（粮食），根据题目中的数据，可计算出 A 原料的单耗为 44 189.709/30 948.775＝1.428 公吨。则可根据单耗计算出口成品折料 13 539.875×1.428＝19 334.94 公吨，内销成品折料 9 176.213×1.428＝13 103.63公吨，料件内销数量为 3 496.07＋477.476＝3 973.546 吨。由此可计算得出：

$$剩余料件数量 = 45\ 440.088 - 19\ 334.9 - 13\ 103.63 - 3\ 973.546 = 9\ 028.012(公吨)$$

企业需对剩余 9 028.012 公吨料件先补交税款，然后才能进行核销。

实训任务六　保税物流货物报关

【实训任务 4-6-1】

中商华联贸易有限公司（海关注册编码：1102918123）代理湖南长沙家佳纺织有限责任公司（海关注册编码：4301962104）进口未梳棉花（法定检验检疫商品，法定计量单位为千克）。货物系合同卖方台湾某公司在 2012 年 4 月于棉花原产国采购后运输进境并存放于某公用型保税仓库。2016 年 8 月，华联公司与台湾公司签订合同后，自上述保税仓库提取合同约定数量棉花出库并办理进口报关手续，申报时华联公司向海关提交编号为 843020120505007 的"关税配额外优惠税率进口棉花配额证"（监管证件代码：e）。海关放行后，华联公司安排将货物运至境内目的地，交由家佳公司用于生产内销成品。现有资料如下：

（1）发票和装箱单。

SHARPINVESTMENT INTERNATIONAL LIMITED

No. 61. SEC ZHONGXING RD, WUGU HSTANG, AIPEI, TAIWAN

TEL： 00886_*********** FAX：00886_***********

INVOICE＆ PACKING LIST

CONTRACT NO. :CS02580786H-1　　DATE: 02 JULY 2016
INVOICE NO: CS02580786H-1-A　　DATE: 07 JULY 2016

BUYER: CHINA COMMERCI HUALIAN TRADING CO. , LIMITED
　　ROOM 225, NO. 3 BUILDING, NO. 23 XICHENG DISTRICT, FUXINGMENNEI STREET, BEIJING, CHINA

DESCRIPTION: INDIA RAW COTTON, SHANKAR. 6 CROP 2011/2016 G5 STAPLE 1-1/8"

QUANTITY: 374.761 MTS(826 206.58 NET LBS)

PACKING: STANDARD EXPORT PACKING

PRICE: USD 0.765 7 PER LB NET WEIGHT CIF QINGDAO PORT, CHINA

REIMBURSEMENT: BY T/T FOR FULL INVOICE VALUE

QUANTITY SHEEPED:　　GROSS　　100 279.00　　KG
　　　　　　　　　　　TARE　　　　360.00　　KG
　　　　　　　　　　　NET　　　 99 937.00　　KG
　　　　　　　　　　　BALES　　　　600

WEIGHT BASIS: CIQ QUANTITY AND NET LANDED WEIGHT FINAL

SALE VALUE OF GOODS: USD 168 701.60

　　SHARPINVESTMENT INTERNATIONAL LIMITED

（2）货物存入保税仓库时填制的报关单。

中华人民共和国海关进口货物报关单

预录入编号：　　　　　　　　　　　　海关编号：

进口口岸 青开发区 4218	备案号 K4218D00012	进口日期 20160330	申报日期 20160414
经营单位 中国外运山东有限公司 3702910096	运输方式 水路运输	运输工具名称 CONTI HARMONY/00810N	提运单号 NQK005306
收货单位 青岛中外运物流公用型保税仓库	贸易方式 保税仓库货物	征免性质	征税比例
许可证号	启运国（地区） 印度	装运港 加尔各答	境内目的地 青岛其他
批准文号	成交方式 FOB	运费 502/8250/3	保费 0.3/1	杂费
合同协议号	件数 2 250	包装种类 包	毛重（千克） 376 111	净重（千克） 374 761
集装箱号 TCKU9944384/40/3900	随付单据 A：********************		用途 其他
标记唛码及备注 **************			

项号	商品编号	商品名称、规格型号	数量及单位	原产国（地区）	单价	总价	币制	征免
1	52010000.01 4	未梳的棉花 1-1/8"3.5～4.9 NCL	374 671 千克	印度	1.403 2	525 875.09	美元	全免

税费征收情况

录入员　　录入单位	兹声明以上申报无讹并承担法律责任	海关审单批注及放行日期（签章）	
报关员 邮编　　　　电话	单位地址 填制日期	审单 征税 查验	审价 统计 放行

(3) 海运提单。

1. Shipper Insert Name, Address and Phone		BOOK: NQK0018209	B/L No. NQK 005306	
M/S KHIMJI VISRAM & SONS (COMM DEPT) 23 MTITAL CHAMBERS, 228, NARIMAN POINT, MUMBAI-400021, INDIA			NORASIA CONTAINER LINES BILL OF LADING TLX: 33057 COSCO CN FAX: +86(021) 6545 8984 **ORIGINAL**	
2. Consignee Insert Name, Address and Phone				
To order of NOBLE RESOURSES PTE LTD.				
3. Notify Party Insert Name, Address and Phone			Port-to-Port or Combined Transport **BILL OF LADING**	
QINGDAO SINOTRANS LOGISTICS CO. LTD HUANGHE EAST ROAD, HUANGDAO DISTRICT, QINGDAO, CHINA			RECEIVED in external apparent good order and condition except as other-Wise noteD. The total number of packages or unites stuffed in the container, The description of the goods and the weights shown in this Bill of Lading are Furnished by the Merchants, and which the carrier has no reasonable means Of checking and is not a part of this Bill of Lading contract. The carrier has Issued the number of Bills of Lading stated below, all of this tenor and date, One of the original Bills of Lading must be surrendered and endorsed or signed against the delivery of the shipment and whereupon any other original Bills of Lading shall be voiD. The Merchants agree to be bound by the terms And conditions of this Bill of Lading as if each had personally signed this Billof Lading. SEE clause 4 on the back of this Bill of Lading (Terms continued on the back Hereof, please read carefully). * Applicable Only When Document Used as a Combined Transport Bill of Lading.	
4. Combined Transport*		5. Combined Transport*		
Pre-carriage by		Place of Receipt	CALCUTA, INDIA	
6. Ocean Vessel Voy. No.		7. Port of Loading		
CONTI HARMONY/ 000810N		CALCUTA, INDIA		
8. Port of Discharge		9. Combined Transport*		
QINGDAO, CHINA		Place of Delivery	QINGDAO, CHINA	

Marks & Nos. Container/Seal No.	No. of Containers or Packages	Description of Goods (If Dangerous Goods, See Clause 20)	Gross Weight Kgs	Measurement
TCKU9944384 SN:769196 QTY:150 CY/CY FCL/FCL TW:3 900.00 GW:25 074.50	15	HIGH CUBE 40' CONTAINER SAID TO CONTAIN 2250 BALES INDIAN RAW COTTON 2011/2016 CROP LOT NO. 1902—1921, 2279-2284, 2453-2465, 2528-2530 S/BILL NO. 6188796/6189024 03.03.2012	376 111.00	
		Description of Contents for Shipper's Use Only (Not part of This B/L Contract)		

10. Total Number of containers and/or packages (in words) 15 * 40' HQ CONTAINER ONLY

Subject to Clause 7 Limitation					
11. Freight & Charges	Revenue Tons	Rate	Per	Prepaid	Collect
Declared Value Charge					

Ex. Rate:	Prepaid at		Payable at	Place and date of issue	
				Mumbai, India 13/03/2016	
	Total Prepaid		No. of Original B(s)/L	Signed for the Carrier	
			THREE(3)		

LADEN ON BOARD THE VESSEL

DATE		BY	

中商华联公司代理长沙家佳公司所进口棉花是自境内保税仓库提取办理进口报关手续。请根据以上资料,选择进口报关单下列各个栏目正确选项。

实训指南:

保税仓库是指经海关批准设立的专门存放保税货物及其他未办结海关进口手续货物的仓库。

根据任务中的文字资料,中商华联公司代理长沙家佳公司所进口棉花是自境内保税仓库提取,原进口货物报关单说明该批棉花进境后已按"保税仓库货物"办理进口报关手续。现是华联公司将棉花提取出库转为正式进口前所需填报的进口货物报关单各个栏目。

相关栏目解析如下。

(1) 根据文字资料,所申报棉花进口报关后交由家佳公司用于生产内销成品,进口原料加工后成品内销属"一般进口货物"范围,无须事先向海关办理备案手续。

(2) 由题目文字资料可知,所申报棉花是由华联公司受家佳公司委托与台湾某公司签订合同购买进口,由第1题解析可知该批棉花属一般进口货物,因此,华联公司作为一般进口货物的进口代理方,应填报为正式进口时报关单的"经营单位"。

(3) 所申报棉花提取出库转为正式进口,属非实际进出境,应填报为海关确定的特殊运输方式"保税仓库",代码"8"。

(4) 非实际进出境货物,报关单"运输工具名称"与"航次号"栏目均免于填报,故本栏目为空。

(5) 非实际进出境货物,报关单"提运单号"栏目免于填报。

(6) 所申报棉花为家佳公司委托华联公司进口后用于生产内销成品,因此,家佳公司是所申报进口棉花的境内最终使用单位。

(7) 保税货物出仓转内销,要求填报进口报关单,所申报棉花属一般进口货物。

(8) 所申报棉花为一般贸易进口,"征免性质"栏应填报为"一般征税"。

(9) "许可证号"栏目为空。

(10) 非实际进出境货物,进口报关单"起运国(地区)"栏目应填报为"中国"。

(11) 非实际进出境货物,进口报关单"装货港"栏目应填报为"中国境内"。

(12) 根据第6题解析,家佳公司是所申报进口棉花的境内最终使用单位,"境内目的地"栏目应填报为其所在地名称或代码。

(13) 非实际进出境货物,进口报关单"成交方式"栏目应填报为"CIF",代码"1"。

(14) 根据题目提供的2016年4月棉花原进境时的单据资料,海运提单标明"2 250 BALES",原进口报关单"件数"和"包装种类"填报为"2 250包",可知原进境申报后存入保税仓库的棉花总件数为2 250。根据2016年8月出库报关时提供的发票及装箱单,在"QUANTITY SHIPPED"处标明转为正式进口的棉花包装种类仍为"BALES"(包),件数为600。因此,本题报关单"件数"栏目应填报为"600"。

(15) 根据题目文字资料,华联公司在办理棉花正式进口报关手续时向海关提交编号为B43020120505007的"关税配额外优惠税率进口棉花配额证"(监管证件代码:e)。按照规范要求应将该证代码及编号填报于报关单"随附单据"栏。

(16) 根据本题文字资料与之前分析可知,所申报棉花属一般进口货物,由国有外贸企业华联公司(经营单位代码第6位为"1")在其经营范围内代理私营企业家佳公司(经营单位代码第6位为"6")进口,用于后者内销产品生产,符合"外贸自营内销"的适用范围。

(17) 根据题目提供的单据资料及第14题解析,2016年4月棉花原进境存入保税仓库的总件数为2 250包,毛重共计37 611千克;2016年8月出库转为正式进口的棉花件数为600包;发票及装箱单"QUANTITY SUIPPED"处标明600包对应毛重为10 0297千克,对应净重99 937千克。根据发票及装箱单"PRICE"处"USD 0.765 7 PER LB"可知华联公司向台湾公司购买该批出库棉花是按每磅0.765 7美元作为单价成交,成交计量单位"磅"与题目资料已知棉花法定计量单位"千克"不一致,因此,正式进口报关单"数量及单位"栏应按照法定计量单位与成交计量单位分别填报。

(18) 由题目提供的单据资料,原进口报关单"原产国(地区)"栏目以及海运提单"品名"栏目均表明棉花进境时原产地为印度。题目文字资料未提及棉花进境后经过任何加工,因此,出库时原产地不变,仍为印度。

(19) 由第17题解析可知,该批出库棉花是按每磅0.765 7美元作为单价成交,根据教材"货物实际成交的商品单位价格的数字部分"这一填报要求,将"0.765 7"直接填报于报关单"单价"栏目,无须进行其他换算。

(20) 所申报棉花为一般照章征税货物。

实训操作:

报关单相应栏目填制如下。

中华人民共和国海关进口货物报关单

预录入编号:　　　　　　　　　　　　　海关编号:

进口口岸		备案号(1)		进口日期		申报日期	
经营单位(2) 中商华联贸易有限公司 1102918123		运输方式(3) 保税仓库		运输工具名称(4)		提运单号(5)	
收货单位(6) 湖南长沙家佳纺织有限责任公司 4301962104		贸易方式(7) 一般贸易		征免性质(8) 一般征税		征税比例	
许可证号(9)		启运国(地区)(10) 中国		装运港(11) 中国境内		境内目的地(12) 43019	
批准文号		成交方式(13) 1		运费		保费	杂费
合同协议号		件数(14) 600		包装种类 包		毛重(千克) 100 297	净重(千克) 99 937
集装箱号		随付单据(15) e:B43020120505007				用途(16) 外贸自营内销	
标记唛码及备注							
项号	商品编号	商品名称、规格型号	数量及单位 (17)	原产国(地区) (18)	单价	总价 (19)	币制	征免 (20)
1 4	52010000.01	未梳的棉花 1-1/8"3.5~4.9NCL	99 937.00 千克 220 323.37 磅	印度	0.765 7	168 701.60	美元	照章征税
税费征收情况								
录入员　　　录入单位		兹声明以上申报无讹并承担法律责任			海关审单批注及放行日期(签章)			
					审单		审价	
报关员					征税		统计	
		单位地址						
邮编　　　　电话		填制日期			查验		放行	

实训考核标准

项　目	分　值	项　目	分　值
保税加工	80	保税物流	20
1. 备案	10	1. 保税仓库	10
2. 料件进境	20	2. 其他	10
3. 成品出境	20		
4. 特殊作业	20		
5. 核销	10		
		合　计	100

项 目 小 结

　　本项目重点训练保税货物报关流程，分两部分——保税加工货物报关和保税物流货物报关。保税加工货物报关活动相对复杂，涉及备案建立账册、料件进口、成品出口、核销结案等。本章首先训练了学生对备案环节相关事宜的掌握，如对备案流程的掌握、对银行保证金台账管理制度的掌握及银行保证金的计算；接下来重点训练了不同情况下报关单的填制规范，尤其是备案号、贸易方式、征免性质、随附单证、项号等栏目在不同情况下应该如何填写，让学生掌握保税货物和一般进出口货物报关单填制的不同要求；本项目还实训了保税加工货物核销环节，让学生掌握核销的公式及公式中各个概念的含义；本章最后实训了保税物流货物的报关，通过保税物流货物报关单的填制让学生了解保税加工货物和保税物流货物报关单填制规范的区别。

实训项目 五　特定减免税货物进口报关程序

实训目标

1. 了解特定减免税货物的含义及特征
2. 熟悉特定减免税货物的报关流程
3. 掌握特定减免税货物报关单的填制技巧

实训要求

通过实训,学生应能够准确判断特定减免税货物类型,掌握特定减免税货物报关的基本程序,会办理特定减免税货物的备案以及减免税征免的申请手续,对监管期满的特定减免税货物能够办理解除监管手续,会填制特定减免税货物报关单据。

实训设计

将特定减免税货物报关流程分解成不同的实训任务,通过完成实训任务让学生掌握特定减免税货物的报关要点;通过综合实训让学生掌握特定减免税货物报关单的填制技巧。

【业务操作背景】

中国豫泽通达有限公司是上海浦东新区一家中外合资企业,其投资项目属于《鼓励外商投资目录》。2016年4月16日,该公司委托上海万达报关公司代为进口一批特定减免税货物。5月16日,载货船舶申报进境。次日,该报关公司的报关员按照海关的要求办理该批货物的报关手续。

【问题导入1】　什么是特定减免税货物?

答:特定减免税货物是指海关根据国家政策规定准予减免税进境,并使用于特定地区、特定企业、特定用途的货物。

特定地区是指出口加工区、保税区、保税物流园区、保税港区、珠海园区。

特定企业是指鼓励类外商投资企业,主要包括:中外合资经营企业、中外合作经营企业和外商独资企业。

特定用途是指国家规定可以享受减免税优惠的进口货物只能用于行政法规专门规定的用途。一般包括:

(1) 外商投资项目投资额度内进口自用设备。
(2) 外商投资企业自有资金项目。
(3) 国内投资项目进口自用设备。
(4) 贷款项目进口物资。
(5) 重大技术装备。
(6) 特定区域物资。

(7) 科教用品。

(8) 科技开发用品。

(9) 救灾捐赠物资。

(10) 扶贫慈善捐赠物资。

(11) 残疾人专用品。

(12) 集成电路项目进口物资。

(13) 海上石油、路上石油项目进口物资。

(14) 远洋渔业项目进口自捕水产品。

(15) 无偿援助项目进口物资。

【问题导入 2】 特定减免税货物的特征是什么？

答：(1) 在特定条件或规定范围内可使用减免进口关税(增值税)；但不免进口环节消费税。消费税是指对我国境内从事生产、委托加工和进口应税消费品的单位和个人，就其销售额或销售数量征收的一种税。

(2) 进口申报应提交进口许可证件。若进口货物需要提交许可证的，提交许可证的义务不能免除，另有规定的除外。

(3) 货物进口验放后在特定的海关监管期限内仍受海关监控；特定减免税货物的监管期限如下：①船舶、飞机：8 年；②机动车辆：6 年；③其他货物：5 年。监管期限自货物进口之日起计算。

(4) 脱离特定范围使用，必须补交进口关税。

【问题导入 3】 特定减免税等同于法定减免吗？

答：法定减免是按照《海关法》《关税条例》及其他法律法规规定的减免，属于法定减免范围的进出口货物，进出口人或其代理人大多无需事先提出申请即可直接办理有关减免，海关放行后也无须进行后续管理。

特定减免是为进一步鼓励利用外资和引进技术、扩大对外贸易、发展科教文卫事业，而给予针对特定地区、特定用途、特定企业的减免，申请特定减免的单位或企业，应在货物进出口前向海关提出申请，由海关按照规定的程序进行审理。符合规定的由海关发给征免税证明，受惠单位或企业凭征免税证明申报进口特定减免税货物。由于特定减免税货物有地区、企业和用途的区别，海关需要对其进行后续管理。

【问题导入 4】 海关对特定减免税货物有哪些监管要求？

答：(1) 申领减免税证明时商品名称、规格必须与实际进口商品一致。

(2) 特定减免税货物一般不豁免进口许可证件，但对外资企业和香港、澳门、台湾以及华侨投资企业进口本企业自用的机器设备，可免予交验进口许可证件；外商投资企业在投资总额内进口涉及机电产品自动许可管理的，也可免予交验有关许可证件。

(3) 外商投资企业在投资总额内进口自用机器设备，在填制进口报关单"贸易方式"栏目时，应填报为"合资合作设备(2025)"或"外资设备物品(2225)"；在投资总额外，用自有资金进口的自用机器设备，则应填报为"一般贸易(0110)"。

(4) 特定减免税进口设备可以在两个享受特定减免税优惠的企业之间结转。

(5) 出口加工区企业进口免税的机器设备应填报为"出口加工区进境备案清单"；但保税区企业进口免税的机器设备等则仍填报为"进口货物报关单"。

【问题导入 5】 有人认为特定减免税货物就是保税货物，这种观念对吗？

答：不对。减免税货物和保税货物是有区别的，具体为以下三点。

1. 性质不同

特定减免税货物：是实际进口货物，针对"三个特定"，在符合条件的情况下给予的税收优惠措施。

保税货物：针对进境又复运出境的特点简化了海关税、证手续的一种制度。

2. 前期准备不同

特定减免税货物：需申领减免税证明。

保税货物：需向海关备案，由海关核发加工贸易登记手册。

3. 监管不同

特定减免税货物：监管期满解除监管。

保税货物：根据去向不同分别办理相应的手续。

实训任务一　特定减免税货物的报关程序

【实训任务5-1-1】

2016年6月,我国某外商独资企业利用自有资金与香港某公司签订购买3套机器设备的合同,合同总金额为FOBUSD 35 000美元。由于该批进口属于特定减免税货物进口范畴,因此,在进口前需向海关进行备案。根据以上资料分析企业如何办理减免税的备案和审批手续。

实训指南:

在进口报关之前,企业必须做好减免税的备案和审批工作。一般情况:向投资项目所在地海关申请办理备案和审批手续。特殊情况投资项目涉及多个海关的,向其所在地海关或者有关海关的共同上级海关申请办理。

减免税备案和审批的阶段包括减免税备案和减免税证明申领两个环节。

1. 减免税备案

减免税申请人应当向其所在地海关申请办理减免税备案、审批手续,特殊情况除外。减免税申请人向海关提出申请后,海关需要事先对减免税申请人的资格或者投资项目等情况进行确认的,减免税申请人应当在申请办理减免税审批手续前,向主管海关申请办理减免税备案手续。

2. 减免税审批

减免税备案后,减免税申请人应当在获取申报进口前,向主管海关申请办理进口货物减免税审批手续,并提交以下材料:

(1) 进出口货物征免税申请表。

(2) 企业营业执照或者事业单位法人证书、国家机关设立文件、社团登记证书、民办非企业单位等级证书、基金会等级证书等证明材料。

(3) 进出口合同、发票及相关货物的产品情况资料。

(4) 相关政策规定的享受进出口税收优惠政策资格的证明材料。

(5) 海关认为需要提供的其他材料。

主管海关审核,确定其所申请货物的免税方式,符合的签发"进出口货物征免税证明",有效期一般为6个月,如遇情况特殊,可申请延长,延长的最长期限为6个月。

注意:征免税证明实行"一份证明只能验放一批货物"的原则,即一份征免税证明上的货物只能在一个进口口岸一次性进口。

另外,还需要注意,三种类型减免税货物的备案和审批工作存在区别。

1. 特定地区

(1) 备案登记。保税区企业和出口加工区企业向海关办理减免税备案登记时,海关审核后准予备案的,给保税区企业签发《征免税登记手册》,企业凭以办理货物减免税申请手续;给出口加工区企业批准建立企业设备电子账册,企业凭以办理货物减免税申请手续。

(2) "进出口货物征免税证明"的申领。保税区企业和出口加工区企业在进口特定减免税机器设备等货物以前,要申领"进出口货物征免税证明"。

保税区企业:海关核准后签发"进出口货物征免税证明"。

出口加工区企业:海关核准后在企业设备电子账册中进行登记,不核发"进出口货物征免税证明"。

2. 特定企业

(1) 备案登记。特定企业主要指外商投资企业。其向企业主管海关办理减免税备案登记时需要提交商务主管部门的批准文件、营业执照、企业合同,海关审核后准予备案的,即签发《外商投资企业征免税登记手册》,企业凭以办理减免税申请手续。

(2) "进出口货物征免税证明"的申领。外商投资企业在进口特定减免税货物前,向主管海关提交《外商投资企业征免税登记手册》、发票、装箱单等单据,并将申请进口货物的相关内容输入海关计算机系统,海关核准后签发"进出口货物征免税证明"。

3. 特定用途

(1) 对于国内投资项目和利用外资项目减免税申请,减免税货物进口企业应持国务院有关部门或省、市人民政府签发的"国家鼓励发展的内外资项目确认书"、发票、装箱单等单证向项目直属海关提出减免税申请。海关审核后签发"进出口货物征免税证明"。

(2) 对于科教用品减免税进口申请,进口的科教单位应当持有关主管部门的批准文件,向单位所在地主管海关申请办理资格认定手续。海关核准后,签发《科教用品免税登记手册》。

另外,科教单位在进口特定减免税科教用品前,需向主管海关提交《科教用品免税登记手册》、合同等单证,将申请进口货物的相关资料输入海关计算机系统,海关核准后签发"进出口货物征免税证明"。

(3) 对于残疾人专用品减免税申请,在进口特定减免税用品前,进口单位应向主管海关递交民政部门的批准文件,海关核准后签发"进出口货物征免税证明"。

实训操作:

该企业向海关办理减免税备案登记时,应提交企业批准证书、营业执照、企业合同、章程等,海关审核后准予备案的,签发相应的"进出口货物征免税证明",简称"征免税证明"。

【实训任务 5-1-2】

天津兴达机械进出口公司是一家中外合资企业。2016年3月,该企业与日本一家公司签订了购买2台自用压花机的合同,该批设备于2016年4月10日由某运输公司的"SHENGKONG VOY216"轮载运进口。该中外合资企业的报关员于2016年4月10日到天津新港海关办理进口报关手续。根据以上资料设计报关员对这批货物的报关程序。

实训指南:

特定减免税货物的报关程序包括三个阶段:减免税申请(前期阶段)——进口报关——后续处置和解除监管(后续阶段)。

1. 减免税申请阶段

减免税申请阶段分为减免税备案和减免税证明申领两个环节,均需向其主管海关办理。

2. 进出口报关

进口报关程序与一般进出口货物的报关基本相同,不同之处在于:

(1) 进口报关时,除报关单及随附单证外,应提交"进出口货物征免税证明"。

(2) 特殊监管区域中保税区填制进口货物报关单,其他区域填进境货物备案清单。

(3) 报关单"备案号"栏内,填写"进出口货物征免税证明"上的12位编号。

3. 后续处置和解除监管

(1) 后续处置。

第一,变更使用地点。

变更使用地点需申请,海关批准后才可以;移出主管海关管辖地:申请办理异地监管手续。异地使用结束后运回主管海关管辖地。

第二,结转。

减免税申请人将进口减免税货物转让给进口同一货物享受同等减免税优惠待遇的其他单位的,应当按照下列规定办理减免税货物结转手续:①减免税货物的转出申请人持有关单证向转出地主管海关提出申请,转出地主管海关审核同意后,通知转入地主管海关。②减免税货物的转入申请人向转入地主管海关申请办理减免税审批手续。转入地主管海关审核无误后签发"征免税证明"。③转出、转入减免税货物的申请人应当分别向各自的主管海关申请办理减免税货物的出口、进口报关手续。转出地主管海关办理转出减免税货物的解除监管手续。结转减免税货物的监管年限应当连续计算。④转入地主管海关在剩余监管年限内对结转减免税货物继续实施后续监管。

第三,转让。

应当事先向减免税申请人主管海关申请办理减免税货物补缴税款和解除监管手续。

第四,移作他用(3种情况)。①将减免税货物交给减免税申请人以外的其他单位使用;②未按照原定用途、地区使用减免税货物;③未按照特定地区、特定企业或者特定用途使用减免税货物的其他情形。

应当按照移作他用的时间补缴相应税款;如时间不能确定的,应提交税款担保,担保不得低于剩余监管年限应补缴税款总额。

第五,变更、终止。

一是变更。变更的情形:减免税申请人发生分立、合并、股东变更、改制等情形。变更的期限:自营业执照颁发之日起30日内,向原减免税申请人的主管海关报告主体变更情况及原减免税申请人进口减免税货物的情况。

二终止。终止的情形:破产、改制或其他情形导致减免税申请人终止。终止的期限:自资产清算之日起30日内向主管海关申请办理补缴税款和解除监管手续。

注意:如终止后,没有承受人的,由原减免税申请人或者其他依法应当承担关税及进口环节代征税缴纳义务的主体办理。

第六,退运、出口。

持出口报关单向主管海关办理原进口减免税货物的解除监管手续。减免税货物退运出境或者出口的,海关不再补征相关税款。

第七,贷款抵押。

贷款抵押需向主管地海关提出书面申请。申请人不得以减免税货物向金融机构以外的公民、法人或者其他组织办理贷款抵押。

向境内金融机构办理贷款抵押应向海关提供下列形式的担保:①与货物应缴税款等值的保证金;②境内金融机构提供的相当于货物应缴税款的保函;③减免税申请人、境内金融机构共同向海关提交"进口减免税货物贷款抵押承诺保证书"。

注意:向境外金融机构办理贷款抵押的,应当提交与货物应缴税款等值的保证金或者境内金融机构提供的相当于货物应缴税款的保函。

(2)解除监管。

第一,自动解除:监管期届满。

特定减免税货物在海关监管期满后,不必申领"减免税进口货物解除监管证明",自动解除海关监管,纳税义务人需要开解除监管证明的,可以自监管年限届满之日起1年内向海关申请,海关自接到申请之日起20日内核发"解除监管证明"。

第二,申请解除监管。

监管期内,因特殊原因出售、转让、放弃,或者企业破产清算的,原"进出口货物征免税证明"的申请人在办理有关进口货物的结关手续后,应当向原签发征免税证明的海关提出解除监管申请,主管海关审核批准后,签发"减免税进口货物解除监管证明"。

注意:

保税区内企业免税进口货物未满海关监管年限,提前申请解除监管的,应按规定照章征税。涉及国家实行许可证管理的商品还要提交相应的许可证。

实训操作:

在本实训任务中,首先,该公司的报关员要填写"进出口货物减免税申请表",并持相关单证向新港海关办理减免税申请和审批手续,海关核准后获取"征免税证明"。其次,办理进口报关手续。①预录入报关单;②向新港海关现场交单;③陪同查验;④支付相关监管手续费用;⑤取得海关签章放行的提货单;⑥凭提货单到口岸提货。最后,在海关审核的适用范围内使用该设备。

实训任务二 特定减免税货物报关单填制

【实训任务 5-2-1】

根据以下资料填写进口货物报关单。

广州中程有限公司(注册编号:4401943200)在投资总额内委托广州新红外贸公司(注册编号:4401968350)于2016年8月10日进口一批起重机,2016年8月31日载货船舶申报进境,9月1日向广州黄埔海关(代码:552)申报货物进口。投资设备征免税表编号为Z25309A02570,海关签注为"鼓励项目"。

(1)装箱单。

PACKING LIST

INVOICE NO: K3520
ORDER NO: A270

Consignees: GUANGZHOU XINHONG FOREIGN COMPANY
Name of Vessel: SHENLONG K208
Port of shipment: LODON
Destination: GUANGZHOU

Packing No.	Quantity	Description	Net weight	Gross Weight	Measurement
	5 SETS	CRANE TS-301	21 650 KG	21 730 KGS	315 CBM
TOTAL	5 SETS		21 650 KG	21 730 KGS	315 CBM

Signed by ZAMA LIMITIED CO

（2）商业发票。

商业发票
COMMERCIAL INVOICE

ISSUER ZAMA LIMITED COMPANY. 35，TANGNING，RD.，LONDON，BRITAIN			
CONSIGNEE GUANGZHOU ZHONGCHENG LIMITED COMPANY 230 HUANGPUDADAO ROAD，GUANGZHOU，CHINA	NO. K3520	DATE AUG20，2016	
TRANSPORT DETAILS SHIPMENT FROM NEWYORK TO TIANJIN PORT BY SEA	S/C NO. L3520	L/C NO. NE531520	
	ERMS OF PAYMENT L/C AT SIGHT		
Marks and Numbers	Description of goods	Quantity	Unit Price	Amount
NAPC 3CN25 NO.1-5	CRANE TS-301	5 SETS	USD 10 000.00 FOBGUANGZHOU	USD 50 000.00
TOTAL：5 SETS　　USD 50 000.00				

SAY TOTAL：SAY USDFORTY EIGHT EIGHT THOUSAND ONLY.
We hereby certify that the contents of invoice herein are ture and correct.

ZAMA LIMITED COMPANY.

(3) 海运提单。

1) SHIPPER ZAMA LIMITED COMPANY. 35, TANGNING, RD., LONDON, BRITAIN		10) B/L NO. KT632 **C O S C O** 中国远洋运输(集团)总公司 CHINA OCEAN SHIPPING(GROUP)CO.
2) CONSIGNEE GUANGZHOU ZHONGCHENG LIMITED COMPANY 230 HUANGPUDADAO ROAD, GUANGZHOU, CHINA		
3) NOTIFY PARTY		**ORIGINAL**
4) PLACE OF RECEIPT	5) OCEAN VESSEL SHENLONG	
6) VOYAGE NO. K208	7) PORT OF LOADING LONDON	
8) PORT OF DISCHARGE GUANGZHOU, CHINA	9) PLACE OF DELIVERY	COMBINED TRANPORT BILL OF LADING

11) MARKS	12) NOS. & KINDS OF PKGS	13) DESCRIPTION OF GOODS	14) G. W. (KGS)	15) N. W. (KGS)	16) MEAS (m^3)
NAPC 3CN25 NO. 1-5	5 WOODEN CASES	CRANE TS-301	21 730 KGS	21 650 KGS	315 CBM

17) TOTAL NUMBER OF CONTAINERS OR PACKAGES(IN WORDS)
SAY FIVE WOODEN CASES ONLY

FREIGHT & CHARGES	REVENUE TONS	RATE	PER	PREPAID	COLLECT
PREPAID AT	PAYABLE AT	18) PLACE AND DATE OF ISSUE LONDON, BRITAIN, AUG18, 2016			
TOTAL PREPAID	19) NUMBER OF ORIGINAL B(S)L3/3				
LOADING ON BOARD THE VESSEL 20) DATE AUG 25, 2016		21) SHIPPED BY CHINA OCEAN SHIPPING(GROUP)CO.			

实训指南：

参考实训项目二进出口报关填制的相关内容。

实训操作：

进口报关单填制如下：

中华人民共和国海关进口货物报关单

预录入编号：　　　　　　　　　　　　　　　　海关编号：

进口口岸 黄埔海关 552		备案号 Z25309A02570	进口日期 20160831	申报日期 20160901
经营单位 广州中程有限公司 4401943200		运输方式 水路运输	运输工具名称 SHENLONG/K208	提运单号 KT632
收货单位 广州中程有限公司 4401943200		贸易方式 外资设备物品	征免性质 鼓励项目	征税比例
许可证号		起运国(地区) 英国	装运港 伦敦	境内目的地 广州
批准文号		成交方式 1	运费	保费	杂费
合同协议号		件数 5	包装种类 木箱	毛重(千克) 21 730	净重(千克) 21 650
集装箱号 0		随附单据			用途
标记唛码及备注 　委托广州新红外贸公司进口					
项号	商品编号	商品名称、规格型号	数量及单位	原产国(地区)	单价	总价	币制	征免
01	84261120.90	CRANE TS-301	五台	英国	10 000	50 000	502	全免
税费征收情况								
录入员　　　录入单位		兹申明以上申报无讹并承担法律责任		海关审单批注及放行日期(签章) 审单　　　　　　审价				
报关员		单位地址		征税　　　　　　统计				
邮编　　　　　电话		填制日期		查验　　　　　　放行				

【实训任务 5-2-2】

根据以下资料填写进口货物报关单。

北京豫泽通达有限公司(经营单位编码:110593524)委托天津韵达进出口公司(经营单位编码:1202953210)代为进口工程设备一批,法定计量单位为:台。该批商品属于公司投资总额内进口设备,进口前已经向海关办理减免税备案审批手续,备案号为 Z31045721090。由天津韵达进出口公司直接向海关报关。全程运费为 2 500 美元,入境货物通关单号为 4321057832。

(1) 商业发票。

ISSUER HAIDA, LTD 223 CHUANTENG ROAD, NEWYORK, AMERICA		商业发票 COMMERCIAL INVOICE	
CONSIGNEE TIANJIN YUNDA IMPORT AND EXPORT COMPANY 63 HEBEI RD, TIANJIN, CHINA		NO. 16325063	DATE JUL20,2016
TRANSPORT DETAILS SHIPMENT FROM NEWYORK TO TIANJIN PORT BY SEA		S/C NO. LT32560	L/C NO. NE505735
^		TERMS OF PAYMENT L/C AT SIGHT	
Marks and Numbers	Description of goods	Quantity	Packaging No	Unit Price	Amount
N/M	DIGITAL-CONTROLLED LATHE	4 SETS	4 CTNS	USD 12 000.00 FOBXINGANG	USD 48 000.00
	Total: 4 SETS				USD 48 000.00

SAY TOTAL:SAY USD FORTY EIGHT EIGHT THOUSAND ONLY.
We hereby certify that the contents of invoice herein are true and correct.

HAIDA TRADING COMPANY
(出口商签字和盖单据章)

（2）海运提单。

1) SHIPPER HAIDA, LTD 223 CHUANTENG ROAD, NEWYORK, AMERICA			10) B/L NO. NW35610
2) CONSIGNEE TIANJIN YUNDA IMPORT AND EXPORT COMPANY 63 HEBEI RD, TIANJIN, CHINA			**COSCO** 中国远洋运输（集团）总公司 CHINA OCEAN SHIPPING(GROUP)CO.
3) NOTIFY PARTY BEIJING YUZETONGDA LIMITED COMPANY 23 BUSHI ROAD BEIJING CHINA			
4) PLACE OF RECEIPT	5) OCEAN VESSEL SHENLONG		**ORIGINAL**
6) VOYAGE NO. K635	7) PORT OF LOADING NEWYORK		
8) PORT OF DISCHARGE XINGANG	9) PLACE OF DELIVERY		COMBINED TRANPORT BILL OF LADING
11) MARKS	12) NOS. & KINDS OF PKGS	13) DESCRIPTION OF GOODS	14) G.W. (KGS) / 15) N.W. (KGS) / 16) MEAS(m³)
N/M	4 SETS	DIGITAL-CONTROLLED LATHE	2 850 KGS / 2 800 KGS / 280 CBM
17) TOTAL NUMBER OF CONTAINERS OR PACKAGES(IN WORDS) SAY FOUR SETS ONLY			

FREIGHT & CHARGES	REVENUE TONS	RATE	PER	PREPAID	COLLECT
PREPAID AT	PAYABLE AT		18) PLACE AND DATE OF ISSUE NEWYORK, AMERICA. AUG10,2016		
TOTAL PREPAID	19) NUMBER OF ORIGINAL B(S)L 3/3				
LOADING ON BOARD THE VESSEL 20) DATE AUG. 10, 2015			21) SHIPPED BY CHINA OCEAN SHIPPING(GROUP)CO.		

实训指南：

参考实训项目二进出口报关单填制相关内容。

实训操作：

进口报关单填制如下：

中华人民共和国海关进口货物报关单

预录入编号：　　　　　　　　　　　　海关编号：

进口口岸 新港海关 0202	备案号 Z31045721090		进口日期	申报日期
经营单位 北京豫泽通达有限公司 110593524	运输方式 2		运输工具名称 SHENGKONG/K635	提运单号 NW35610
收货单位 北京豫泽通达有限公司 110593524	贸易方式 外资设备物品		征免性质 鼓励项目	征税比例
许可证号	起运国（地区） 美国纽约		装运港 纽约	境内目的地
批准文号	成交方式 3	运费 502/2500/3	保费	杂费
合同协议号 LT32560	件数 4	包装种类 纸箱	毛重（千克） 2 850	净重（千克） 2 800
集装箱号 0	随附单据 A：4321057832			用途 企业自用
标记唛码及备注 委托天津韵达进出口公司进口				

项号	商品编号	商品名称、规格型号	数量及单位	原产国（地区）	单价	总价	币制	征免
全免	8456.3010	数控机床	4 台	美国	12 000	480 000	502	

税费征收情况			
录入员　　录入单位	兹申明以上申报无讹并承担法律责任	海关审单批注及放行日期（签章）	
		审单	审价
报关员 邮编　　　　电话	单位地址 填制日期	征税	统计
		查验	放行

【实训任务 5-2-3】

根据以下资料填写进口报关单。

大连星火工程有限公司(经营单位编码:2102943685)委托大连裕达进出口公司(经营单位编码:2102962780)使用投资总额外自有资金进口压花机 3 台,采用的成交方式为 FOB。该批设备进口后,企业可持征免税证明和自动进口许可证单独向海关申报。保险费率为 0.25%,运费为 1 500美元,压花机免税证明编号为 Z08043526580,入境通关单号为 44110021301210。

(1) 商业发票。

COMMERCIAL INVOICE

To: DALIAN YUDA IMPORT AND EXPORT COMPANY
Invoice No.: SH25586
Invoice Date: JULY20,2016
S/C No.: TC510

From: Yokohama, JAPAN
To: DALIAN, CHINA
Letter of Credit No.: LST-AB21
No.: _____

Marks and Numbers	Number and kind of package Description of goods	Quantity	Unit Price	Amount
O1SL DALIAN NO. 1-3	EMBROIDERY MACHINARAS PER S/C NO. TC510 PACKING:1SET/WOODEN CASE	3 SETS	9 000.00 USD	USD 27 000.00

TOTAL:3 SETS　　　　　　　　　　　　　　USD 27 000.00

SAY TOTAL:U.S. DOLLARS TWENTY SEVEN THOUSAND ONLY.

　　　　　　　　　　　　　　　　　　　　DASON TRADING CO,LTD
　　　　　　　　　　　　　　　　　　　　　　　　JAPAN

(2)装箱单。

ISSUER DASON TRADING CO,LTD 309 FUJI RD,TOKYO,JAPAN	装箱单 **PACKING LIST**		
TO DALIAN YUDA IMPORT AND EXPORT COMPANY 45 LIAONING STREET,DALIAN,CHINA	INVOICE NO. SH25586	DATE JUL20,2016	

Marks and Numbers	Number and kind of package / Description of goods	PACKAGE	G.W	N.W	Meas.
			KG		CBM
O1SL DALIAN NO.1-3	EMBROIDERY MACHINAR AS PER S/C NO. TC510 PACKING:1SET/CTN	3 WOODEN CASES	19 200.00	18 000.00	185
TOTAL	3 WOODEN CASES	19 200.00 KGS	18 000.00 KGS		

DASON TRADING CO,LTD

(3) 提单。

Shipper Insert Name, Address and Phone DASON TRADING CO,LTD 309 FUJI RD, TOKYO,JAPAN TEL:00-81-0356712 FAX:00-81-0356	B/L NO:JP201632
Consignee Insert Name, Address and Phone TO ORDER	**JAPAN TONGDA CO. ,LTD**
Notify Party Insert Name, Address and Phone DALIAN YUDA IMPORT AND EXPORT COMPANY 45 LIAONING STREET,DALIAN,CHINA	**BILL OF LADING**

Place of Receipt	Pre-carriage by
Ocean Vessel/Voy. No. DONGFANG 2036	Port of Loading Yokohama, JAPAN
Port of Discharge DALIAN	For Transhipment to(if on-carriage)

Particulars furnished by the Merchant

Marks & Nos	No. of Packages	Kind of Packages/ Description of Goods	G/Weight	Measurement
O1SL DALIAN NO. 1-3	3WOODEN CASES	EMBROIDERY MACHINAR AS PER S/C NO. TC510	19 200 KGS	185 CBM

TOTAL NUMBER OF CONTAINERS OR PACKAGES (IN WORDS)SAY: THREECARTONS ONLY

FREIGHT & CHARGES	Weight/Measurement	Rate	Per	Prepaid JPY54 000	Collect
Landen on Board the Vessel Date: JUL 25, 2016	No. of Original B(s)/L3(THREE)	Place of B/L Issue TOKYO, JAPAN JUL25, 2016		Signed for the Carrier **JAPAN TONGDA CO. , LTD**	

(4) 进口货物报关单。

中华人民共和国海关进口货物报关单

预录入编号：　　　　　　　　　　　　　　　海关编号：

进口口岸		(A)备案号	进口日期	申报日期
(B)经营单位		(C)运输方式	(D)运输工具名称	(E)提运单号
(F)收货单位		(G)贸易方式	(H)征免性质	征税比例
许可证号	起运国(地区)		(I)装货港	境内目的地
批准文号	(J)成交方式	(K)运费	(L)保费	杂费
合同协议号	(M)件数	包装种类	(N)毛重(千克)	净重(千克)
(O)集装箱号	随附单证			(P)用途
(Q)标记唛码及备注				
(R)项号商品编号(S)商品名称、规格型号数量及单位原产国(地区)单价总价币制(T)征免				
税费征收情况				

录入员　　　录入单位	兹声明以上申报无讹并承担法律责任	海关审单批注及放行日期(签章)	
		审单	审价
报关员		征税	统计
	单位地址		
邮编　　　　　电话	填制日期	查验	放行

实训指南：

参考实训项目二进出口报关单的填制同相关内容。

实训操作：

进口报关单填制如下：

中华人民共和国海关进口货物报关单

预录入编号：　　　　　　　　　　　　　　　　海关编号：

进口口岸 大连海关 0900	(A)备案号 Z08043526580	进口日期	申报日期
(B)经营单位 大连星火工程有限公司 2102943685	(C)运输方式 2	(D)运输工具名称 DONGFANG/2036	(E)提运单号 JP201632
(F)收货单位 大连星火工程有限公司 2102943685	(G)贸易方式 外资设备物品	(H)征免性质 鼓励项目	征税比例
许可证号	起运国(地区) 日本	(I)装货港 横滨	境内目的地 21029
批准文号	(J)成交方式 3	(K)运费 502/1500/3	(L)保费 0.25/1	杂费
合同协议号 TC510	(M)件数 3	包装种类 木箱	(N)毛重(千克) 19 200	净重(千克) 18 000
(O)集装箱号 0	随付单证： A:44110021301210		(P)用途 企业自用

(Q)标记唛码及备注

委托大连裕达进出口公司进口

项号	商品编号	商品名称、规格型号	数量及单位	原产国(地区)	单价	总价	币制	(T)征免
01	84201000	压花机	3 台	日本	9 000	27 000	502	全免

税费征收情况

录入员　　录入单位	兹声明以上申报无讹并承担法律责任	海关审单批注及放行日期(签章)	
		审单	审价
报关员		征税	统计
邮编　　　　电话	单位地址 填制日期	查验	放行

实训考核标准

项　　目	分　　值
特地减免税货物报关流程	50
特定减免税货物报关单填制	50
合计	100

项　目　小　结

　　特定减免税货物的报关程序是海关的监管方式之一,是特定条件下货物报关的特殊程序,在我国报关业务中经常使用。特定减免税货物的报关程序不同于一般进出口货物,其报关程序包括三个阶段:减免税备案和审批(前期阶段)——进口报关——后续处置和解除监管(后续阶段)。

　　本项目通过安排两个实训任务来实现本章的实训目标。实训任务一是特定减免税货物的报关程序,在报关程序的每个阶段又布置了具体的任务,使学生以完成任务的方式来掌握特定减免税货物的报关流程;实训任务二是综合实训部分,让学生根据提供的背景资料来完成特定减免税货物报关单据的填写,以掌握报关单据各栏目的填写规范。

实训项目六 暂准进出境货物报关程序

实训目标

1. 了解暂准进出境货物的范围及报关流程
2. 掌握暂准进出境货物报关时税收征管方面的规定
3. 掌握暂准进出境货物报关时许可证交验方面的规定
4. 掌握暂准进出境货物报关单填制的规范

实训要求

学生通过暂准进出境货物报关综合实训项目的学习,培养学生独立完成暂准进出境货物报关的能力,可以做到准确判断暂准进出境货物是属于第一类还是第二类,能够独立完成暂准进出境货物报关单的填制工作,也可以结合实训软件更完整地模拟暂准进出境货物报关的整个流程。

实训设计

通过实训案例的判断来强化学生对暂准进出境货物范围的掌握,通过报关单的填制实训让学生掌握暂准进出境货物报关单填制的要点。

【业务操作背景】

安徽A汽车发动机有限公司(以下简称A公司)拟向德国B精密仪器制造公司(以下简称B公司)订购两台卧式加工中心,用于对发动机缸体进行精加工,A公司委托合肥C机械进出口公司(以下简称C公司)代理进口,三方签订了进口合同。根据合同约定:在该卧式加工中心制成后,安徽A公司将通过C公司向德国B公司提供两批发动机缸体进行试加工,以便确认订购设备的加工精度和性能。发动机缸体试加工完成后返回国内,由A公司对该批加工发动机缸体进行检验确认,若符合要求,A公司将签发预验收合格证书,德国B公司凭此证书发货。

合同还规定:试加工发动机缸体分两批出口到德方,第一批出口日期在2016年3月31日,拟在2016年9月底前返回国内;第二批出口日期在2016年8月31日,预计2017年2月底返回国内;在试加工完成后由C公司负责租船订舱,办理清关手续,将试加工发动机缸体运回A公司。由于B公司在第一批发动机缸体的加工过程中出现不可预见的因素,未能如期进行,直到2016年9月才开始进行试加工。因此,两批试加工发动机缸体将在2017年2月底一起返运A公司。

【问题导入1】 该合同项下出口德国的两批试加工发动机缸体的海关监管类别是什么?

答:根据货物进出境目的的不同,海关监管货物分为五类:一般进出口货物、保税货物(保税加工货物和保税物流货物)、特定减免税货物、暂准进出境货物和其他进出境货物。

暂准进出境货物是暂准进境货物和暂准出境货物的合称。暂准进境货物是指进口货物收货人为了特定的目的,经海关批准暂时进境,并在规定的期限内保证按原状复运出境的货物。暂准出境货物是指进口货物收货人为了特定的目的,经海关批准暂时出境,并在规定的期限内保证按原状复运进境的货物。暂准进出境货物分为以下两大类。

第一类是经海关批准暂时进境或出境,在进境或出境时纳税义务人向海关缴纳相当于应纳税款的保证金或者提供其他担保可以暂不缴纳税款,并按规定的期限复运出境或复运进境的货物。包括以下几种。

(1) 在展览会、交易会、会议及类似活动中展示或者使用的货物。
(2) 文化、体育交流活动中使用的表演、比赛用品。
(3) 进行新闻报道或者摄制电影、电视节目使用的仪器、设备及用品。
(4) 开展科研、教学、医疗活动使用的仪器、设备及用品。
(5) 上述四项所列活动中使用的交通工具及特种车辆。
(6) 暂时进出的货样。
(7) 慈善活动使用的仪器、设备及用品。
(8) 供安装、调试、检测设备时使用的仪器、工具。
(9) 盛装货物的容器。
(10) 其暂时进出境用于非商业目的的货物。

第一类暂准进出境货物按照海关监管的方式,又分为四类:使用 ATA 单证册报关的暂准进出境货物、不使用 ATA 单证册报关的进出境展览品、集装箱箱体和暂时进出口货物;其中,暂时进出口货物按货物流向又分为暂时进口货物和暂时出口货物。

第二类暂准进出境货物是指上述九项货物以外的其他暂准进出境货物。按货物的完税价格和其在境内境外滞留时间与折旧时间的比例计算,按月或者在规定期限内货物复运出境或者复运进境时征收进出口税。

该案例中合同项下出口德国的两批试加工发动机缸体属于第一类暂准进出境货物中的"供安装、调试、检测设备时使用的仪器、工具"。由于是出口德国,所以应按暂时出境货物办理报关手续。

【问题导入2】 第一批发动机缸体在境外滞留的时间是否超过了规定期限,如果超过了规定期限应该怎么做?

答:按照海关对暂时进出口货物的监管规定,从暂准进出境货物进境或出境之日起,6个月内应复运出境或进境。超过6个月,收发货人可以向原海关提出延期申请,但延期最多不超过3次,每次延长期限不超过6个月;延长期限届满,应当复运出境或复运进境或者办理进出口报关手续。国家重大工程、国家科研项目使用的暂准进出境货物,在18个月延长期届满后仍需要延期的,由收发货人所在地直属海关报海关总署审批。暂准进出境货物申请延长复运出境进境期限的,收发货人应当在规定期限届满30个工作日前,向货物暂准进出境申请核准地海关提出延期申请,并提交"货物暂时进/出境延期申请书"以及其他相关申请材料。由所在地直属海关作出决定并制发"中华人民共和国海关货物暂时进/出境延期申请批准决定书"。申请延长超过18个月的由海关总署作出决定。

案例中,B公司在第一批发动机缸体的加工过程中出现不可预见的因素,未能如期进行,直到2016年9月才开始进行试加工,于2017年2月底才返运回A公司。第一批发动机缸体在境外的时间已经超过规定的6个月期限,按照规定,须由C公司向海关办理暂时进出口货物的延期手续。具体而言,C公司应在规定期限届满30个工作日前申请延期,经所在地直属海关批准后,方可继续按照暂时出口货物在德国开展试加工。

第二批发动机缸体出口日期在2016年8月,2017年2月底返回国内,在没有超过规定期限的情况下,和第一批一起运回国内办理复运进境报关及核销手续,属于暂时出口货物的范围。

【问题导入3】 案例中合同项下的发动机缸体出口时,是否需要交验出口许可证件?

答:暂时进出口货物是为特定目的而暂时进境或出境,在规定期限内复运出境或复运进境,其进出口不是以实际进出关境为目的,不会引起境内物质存量的变化,因此,暂时进出口货物在进境、出境及复运出境、进境时不需要向海关递交进出口许可证件。但是,对国家规定需要实施检验检疫的,或者为公共安全、公共卫生等实施管制措施的暂时进口货物,仍需向海关提交有关许可证件;对易制毒化学品、监控化学品、消耗臭氧层物质,有关核出口核商用品及相关技术的出口管制条例管制的商品,以及其他国际公约管制的暂时出口货物,仍需向海关提交有关许可证件。

本案例中,属于暂时出口货物的发动机缸体不属于易制毒化学品、监控化学品、消耗臭氧层物质,也不涉及有关核出口核商用品及相关技术的出口管制条例管制的商品,以及其他国际公约管制的暂时出口货物,其出境及复运进境时,A公司的报关代理人C公司不需要向海关递交许可证件。

【问题导入4】 案例中的发动机缸体出口德国,是否需要缴纳出口关税?

答:第一类暂准进出境货物,经海关批准暂时进境或出境,在进境或出境时纳税义务人向海关缴纳相当于应纳税款的保证金或者提供其他担保可以暂不缴纳税款,并按规定的期限复运出境或复运进境的货物;第一类暂准进出境货物如果在规定期限内复运进境或复运出境,并不需要缴纳进出口关税。第二类暂准进出境货物按货物的完税价格和其在境内境外滞留时间与折旧时间的比例计算,按月或者在规定期限内货物复运出境或者复运进境时征收进出口税。

案例中,两批发动机缸体的纳税义务人A公司委托C公司,在货物出境时向所在地主管海关缴纳相当于应纳税款的保证金或提供其他担保,暂时免纳税费;2011年2月底复运进境,向海关办理暂时出口货物核销结关手续后,海关予以退还已收的保证金,不征收进出口税费。

实训任务一　熟悉暂准进出境货物的范围

【实训任务 6-1-1】

2016年,上海举办国际汽车展览会,德国大众公司参展产品有最新款汽车、概念车模型等,另准备了供展览宣传用的光盘、广告和免费送给观众的纪念品钥匙链及有偿出售的汽车玩具纪念品、布置展台所用的墙纸(一次性使用)及展会期间使用的烟酒,从上海吴淞海关进境。德国大众公司委托上海万松报关有限公司的报关员承担此票展览品的报关,请帮助上海万松有限公司的报关员明确货物的性质及报关特征。

实训指南:

展览品属于第一类暂准进出境货物,是指在展览会、交易会、会议及类似活动中展示或者使用的货物,在展会结束后,原状复运出境。还有些货物与展览品有关,属于展览用品。

海关总署2007年157号令关于展览用品有以下规定。

第二十条　下列在境内展览会期间供消耗、散发的用品(以下简称展览用品),由海关根据展览会的性质、参展商的规模、观众人数等情况,对其数量和总值进行核定,在合理范围内的,按照有关规定免征进口关税和进口环节税:

(一)在展览活动中的小件样品,包括原装进口的或者在展览期间用进口的散装原料制成的食品或者饮料的样品;

(二)为展出的机器或者器件进行操作示范被消耗或者损坏的物料;

(三)布置、装饰临时展台消耗的低值货物;

(四)展览期间免费向观众散发的有关宣传品;

(五)供展览会使用的档案、表格及其他文件。

前款第(一)项所列货物,应当符合以下条件:

(一)由参展人免费提供并在展览期间专供免费分送给观众使用或者消费的;

(二)单价较低,做广告样品用的;

(三)不适用于商业用途,并且单位容量明显小于最小零售包装容量的;

(四)食品及饮料的样品虽未按照本款第(三)项规定的包装分发,但确实在活动中消耗掉的。

第二十一条　展览用品中的酒精饮料、烟草制品及燃料不适用有关免税的规定。

实训操作:

(1)大众公司参展的最新款汽车、概念模型和供展览宣传用的光盘,展会结束后将在规定时间内复运出境,其监管性质一直未变,属于暂准进境货物,且属于第一类暂准进出境货物,只需在进境时缴纳一定数量的保证金,无需缴纳关税,在规定时间内出境时海关退还保证金。

(2)免费赠送给观众的纪念品钥匙链,布置展台用的一次性墙纸,在进口报关时按展览物品报关,展会结束后不再复运出境,变为永久性进口,但按照相关规定免交关税,免征关税,且不用进行二次报关,其监管性质应变为法定减免税货物。

(3)展会期间使用的烟酒、有偿出售的汽车玩具纪念品,进境时不能按展品报关,属于一般进口货物,应照章征税,交验进口许可证。

【实训任务 6-1-2】

上海马戏团邀请俄罗斯著名马戏团到中国表演,该俄罗斯著名马戏团进境时马戏团演出所用的狮子、老虎、大象等动物,以及马戏团表演中使用的表演车,在进境时应按照哪类海关监管货物类型报关?

实训指南:

任务中的动物和表演车进境表演后将复运出境,属于典型的暂准进境货物。暂准进出境货物分两种类型,需要辨别任务中的货物属于第一类还是第二类。

实训操作:

任务中的货物属于第二类暂准进出境货物,第二类暂准进出境货物,应按货物的完税价格和其在境内境外滞留时间与折旧时间的比例计算,按月或者在规定期限内货物复运出境或者复运进境时征收进出口税。

作为暂准进境货物,任务中的货物在进境时无需交验进口许可证,并应在规定时间内(正常情况 6 个月)复运出境,如决定不再复运出境永久留在国内,应填写报关单按一般进口货物进行二次报关。

【实训任务 6-1-3】

某年上海举办国际商品展览会,参展商在展品及与展出活动有关的其他物品进口前,向中国国际商会申请了 ATA 单证册,委托上海万松报关有限公司持 ATA 单证册向进境地海关申报进口,展出结束后,上述展览品,除复运出境及已被留购的以外,因修建、布置展台等进口的一次性廉价物品被展览品所有人放弃,部分展品被展览品所有人赠送给境内与其有经贸往来的单位。万松报关有限公司应如何办理相关报关事宜?

实训指南:

参看[实训任务 6-1-2]的[实训指南]。

实训操作:

万松公司应代为办理以下事宜:

第一步,在进境时,下列物品可按展览品和展览物品申报进境,使用 ATA 单证册作为报关单据,免于交验进口许可证件,免向海关提供担保:为展出需要进境并将来复运出境的机器或器具,参展免费提供并在展出中免费散发的与展出活动有关宣传印刷品、说明书、价目表等,为展出的机器或器具进行示范,并在示范过程中被消耗的物品。小卖品应与展览品和展览物品分单填报。

在展览期间和展览结束后,展览品的各种处置,应符合下列海关规定:

(1) 在展览期间,部分展品被境内单位购买,由主办单位或其代理人向海关办理进口申报、纳税手续。

(2) 展品所有人已申明放弃的一次性廉价物品,由海关变卖后将款项上交国库。

(3) 展览品被其所有人赠送,受赠人应当向海关办理进口手续,海关根据进口礼品或经贸往来赠送品的规定办理。

最后,当展品按照上述规定处理完毕后,万松公司应代表参展方办理核销结关手续。

实训任务二 暂准进出境货物报关单的填制

【实训任务 6-2-1】

2016年1月,某公司申报出口自制铁栅栏(法定计量单位:千克)一批,作为该公司同批出口汽车零件的包装物,同年5月,该批铁栅栏使用完毕退回,运输工具于5月17日申报入境,运保费共计人民币29 100元。货物暂时进/出境申请批准决定编号为31012010028。现有资料如下:

(1) 发票和装箱单。

ISSUER: SIMUCOM INTERNATIONAL INC. ×××× TOWN CERNTER. SUITE ×××, SOUTHFIELD, MI 48 ×××		INVOICE & PACKING LIST		
TO: SIMUCON NVH TECHNOLOGIES CO., LTD ZHOUXI TOWN, NINGGUO, ANHUI, CHINA		NO. 08AAP032		DATE: 20-MAY-2016
THANSPORT DETAILS: FROM CANADA TO NINGBO, CHINA BY SEA		S/C NO. TERMS OF PAYMENT:		L/C NO.
MARK & NO.	DESCRIPTION & PECIFICATION	QUANTITY (PCS)	UNIT PRICE (USD)	AMOUNT (USD)	G. W. (KGS)	N. W. (KGS)
	FCA TORONTO Metal Cages	413	15.00	6 195 00	16 298 00	16 298 00
	NO COMMERCIAL VALUE
	THIS SHIPMENT IS NOT IN WOODEN PACKAGE
	SIMUCOM INTERNATIONAL INC.

（2）货运提单。

PORT TO PORT OR COMBINED TRANSPORT BILL OF LADING

1. Shipper BEACON INTERNATIONAL DESPATCH LTD. ×××× VIPOND DRIVER MISSISSAUGA ONIARIO, CANADAL5T 1J9		Booking No 800454230	Bill of lading No. COSU800454230
^^		Export Reference BT WE005857	
2. Consignee MAINFREIGHT INTERNATIONAL LOGISTICS (SHANGHAI) CO., LTDNINGBO BRANCH ROOM ×××,××× BUILDING BO. ×× DALAI STREET, NINGBO, CHINA		Forwarding Agent and references	
^^		Point and Country of Origin	
3. Notify Party SAME AS CONSIGNEE		Also notify party-routing & instructions MAINFREIGHT INTERNATIONAL PTY LTD ROOM ×××,××× BUILING NO. ×× DALAI STREET, NINGBO, CHINA TXR	
4. Pre-Carriage by	5. Place of Receipt TORONTO	^^	
6. Ocean Vessel Voy. No. COSCO YOKOHAMA 055W	7. Port of loading PRINCE RUPERT B. C.	Service Contract No.	Commodity Code
8. Port of discharge NINGBO	9. place of delivery NINGBO, CHINA	Type of Movement: FCL/FCL CY-CY	

Marks & Nos. Container/Seal NO.	No. of Container or packages	Description of Goods	Gross Weight	Measurement
N/M	413 BINS	1×40'S HIGH CUBE CONTAINER S. L. A. C. 413METAL BINS/CAGES	16 298.00 KGS 35 930.57 LBS	
OCEAN FREIGHT PREPAID SHIPPERS WEIGHT LOAD AND COUNT				
POR: CAED 01H613 KC9692 20100400619				
CBHU9390526/004809/413 BINS /FCL/FCL	/40HQ			

Declared Cargo Value US $	
10. TOTAL NUMBER OF CONTAINER AND/OR PACKAGES (in words)	
SAY ONE CONTAINER TOTAL	

11. Freight & charges	Revenue tons	Rate	Per	Amount	Prepaid	Collect	Freight & charges payble at/by
				Date Laden On Board: 28 APR 2016			
				COSCO CONTAINER LINES AMERICA, INC			

9805 date of issue: 28 APR 2016　　　　　　　　Place of issue: TORONTO

(3) 有 20 个栏目已填好的进口货物报关单。

中华人民共和国海关进口货物报关单

预录入编号： 　　　　　　　　　　　　　　　　　海关编号：

进口口岸		备案号	进口日期(1) 20160517		申报日期	
经营单位		运输方式	运输工具名称		提运单号	
收货单位		贸易方式(2) 暂时进出货物	征免性质(3) 299		征税比例	
许可证号		启运国(地区)(4) 加拿大	装运港(5) 多伦多		境内目的地	
批准文号(6)		成交方式(7) 3	运费(8) 502/29100/3	保费(9)	杂费	
合同协议号		件数	包装种类(10) 裸装	毛重(千克)	净重(千克)(11) 16 298	
集装箱号(12) CBHU8380526/40/****		随付单据(13)			用途	
标记唛码及备注(14) 货物暂时进/出境申请批准决定编号为 31012010028						

项号 (15)	商品编号	商品名称、规格型号	数量及单位 (16)	原产国(地区) (17)	单价 (18)	总价 (19)	币制	征免 (20)
1			413 件 16 298 千克	中国	15.00	6 195.00		保证金

税费征收情况

录入员　　录入员单位	兹声明以上申报无讹并承担法律责任	海关审单批注及放行日期(签章)	
		审单	审价
报关员		征税	统计
	单位地址		
邮编　　　　电话	填制日期	查验	放行

请找出报关单已经填好的 20 个项目中的 5 项错误。

实训指南：

（5）装运港是指进口货物运抵我国关境前最后一个境外装运港，根据提单"Port of lading"栏可知，该批货物的装运港应填报 PRINCE RUPERT B. C."，从发票和提单均知，多伦多是该批货物在 FCA 价格术语下承运人接货地。

（8）运保费共计人民币 29 100 元，运费栏币值代码应填 142，即运费栏应填报为"142/29100/3"。

（14）暂准出境货物使用完毕退回中国境内，进口报关时应向海关提交原出口报关单，并将原进口报关单号填报在进口报关单"标记麦码及备注"栏。

（16）根据题目文字资料可知该批货物法定计量单位为千克，根据发票可知成交计量单位为"个（件）"，法定单位填在第一行，成交单位填在第二行，报关单中将成交单位填在了第一行，将法定单位填在了第二行，故而错误。

（20）暂准进境的货物，如果属于第一类暂准进出境货物，在进境时需缴纳保证金，如果在规定时间内复运出境，海关退还保证金。但题目中的货物是暂准出境货物，在规定时间内复运进镜时填写的报关单，这种情况下不用缴纳关税，也不用缴纳保证金，征免性质填报为"全免"。

实训操作：

填写错误的项目有(5)(8)(14)(16)(20)。

实训考核标准

项　　目	分　　值
暂准进出境货物的范围	30
暂准进出境货物报关单填制	70

项 目 小 结

本项目重点就暂准进出境货物的报关事宜进行实训，首先就暂准进出境货物的范围和报关流程进行实训，使学生掌握 ATA 单证册和非 ATA 单证册项下暂准进出境货物报关流程，以及税收征管、许可证交验等方面的相关规定。并实训了暂准进境和暂准出境货物在进境或出境后改变监管性质，转变为一般进口和一般出口货物时的报关事宜。接下来重点实训了暂准进出境货物报关单的填制规范，重点训练贸易方式、征免性质、备案号、标记唛码备注、征免等栏目的填写，让学生掌握这些栏目的填写和其他类型的海关监管货物的不同。

参 考 文 献

[1] 邢娟,陈鼎.进出口报关综合实训[M].上海:立信会计出版社,2012.
[2] 海关总署报关员资格考试教材编写委员会.报关员资格全国统一考试教材[M].北京:中国海关出版社,2013.
[3] 鲁丹萍,陈国雄.报关实训——习题与实训指导[M].北京:清华大学出版社,2012.
[4] 章艳华,张援越,等.报关综合实训[M].北京:清华大学出版社,2014.
[5] 钱华.海关报关理论与实训[M].北京:北京大学出版社,2013.
[6] 海关总署报关员资格考试教材编写委员会.历年试题标准答案及详解[M].北京:中国海关出版社,2013.
[7] 海关总署关税征管司.进出口税则商品及品目注释[M].北京:中国海关出版社,2012.
[8] 报关水平测试教材编写委员会.报关水平测试教材:进出口商品编码查询手册[M].北京:中国海关出版社,2014.
[9] 胡亚军,刘军荣,郑磊.海关报关实训教程[M].成都:西南财经大学出版社,2014.
[10] 报关水平测试教材编写委员会.报关水平测试教材:报关基础知识[M].北京:中国海关出版社,2014.
[11] 报关水平测试教材编写委员会.报关水平测试教材:报关业务技能[M].北京:中国海关出版社,2014.
[12] 报关水平测试教材编写委员会.报关水平测试教材:进出口商品编码查询手册[M].北京:中国海关出版社,2014.